*Engelstrompeten*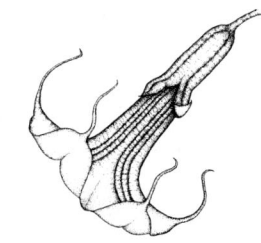

Ulrike und Hans-Georg Preißel

# *Engelstrompeten*

## Brugmansia und Datura

Zweite, völlig neu gestaltete
und erweiterte Auflage

81 Farbfotos
35 Zeichnungen

Verlag Eugen Ulmer

Titelfotos
Großes Bild: *Brugmansia* × *flava* 'Lilac' Beschreibung Seite 80
Kleines Foto: *Brugmansia* × *candida f. plena* 'Charleston'
Rückseite: *Brugmansia aurea* 'Goldenes Kornett' Beschreibung Seite 77
Seite 2: *Brugmansia*-Suaveolens-Hybride, sehr ähnlich der Sorte 'Pink Delight'

Die Deutsche Bibliothek – CIP-Einheitsaufnahme

**Preissel, Ulrike:**
Engelstrompeten: Brugmansia und Datura / Ulrike und Hans-
Georg Preissel. – 2., völlig neugestaltete und erw. Aufl. –
Stuttgart : Ulmer, 1997
ISBN 3-8001-6614-3
NE: Preissel, Hans-Georg:

Das Werk einschließlich aller seiner Teile ist urheberrechtlich geschützt. Jede Verwertung außerhalb der engen Grenzen des Urheberrechtsgesetzes ist ohne Zustimmung des Verlages unzulässig und strafbar. Das gilt insbesondere für Vervielfältigungen, Übersetzungen, Mikroverfilmungen und die Einspeicherung und Verarbeitung in elektronischen Systemen.

© 1991, 1997 Eugen Ulmer GmbH & Co.
Wollgrasweg 41, 70599 Stuttgart (Hohenheim)
Printed in Italy
Lektorat: Ingeborg Ulmer
Herstellung: Ursula Stammel
Satz: Typomedia Satztechnik GmbH, Scharnhausen
Druck und Bindung: G. Canale & C. S.p.A., Turin (Italien)

# *Vorwort*

Unsere Hoffnung, zahlreiche Pflanzenliebhaber für Brugmansien zu begeistern, hat sich in den letzten Jahren seit Erscheinen der 1. Auflage dieses Buches erfreulicherweise erfüllt. Zu verdanken ist dies nicht zuletzt den vielen erfolgreichen Hobbyzüchtern, die uns mittlerweile ein noch bunteres und vielfältigeres Spektrum an Sorten beschert haben.

Dadurch wurde auch eine Überarbeitung des vorhandenen Sortimentes notwendig. Neu eingefügt wurde dabei die Beschreibung von Mehrfachhybriden, an deren Entstehung *Brugmansia aurea*, *B. suaveolens* und auch *B. versicolor* beteiligt waren.

Das Entgegenkommen des Verlages ermöglichte es uns, im Zuge der Neubearbeitung die Gattung *Datura* zusätzlich aufzunehmen. Dadurch und durch eine großzügige Ausstattung mit Bildern hat das Buch nicht nur an Umfang wesentlich zugenommen, sondern auch eine inhaltliche Bereicherung erfahren.

Von der Darstellung der alten Gattung *Datura* zusammen mit der neueren Gattung *Brugmansia* versprechen wir uns mehr Akzeptanz für den seit 1970 nach dem Internationalen Code der Botanischen Nomenklatur gültigen Gattungsnamen *Brugmansia*, denn leider werden die Gattungen *Brugmansia* (Engelstrompeten) und *Datura* (Stechäpfel) in Deutschland vielfach immer noch nicht getrennt.

Der gestiegenen Beliebtheit der Engelstrompeten steht leider ein gehäuftes Auftreten neuer und zum Teil noch nicht identifizierter Krankheiten gegenüber. Die Beschreibung der Krankheits- und Schädlingssymptome mußte deshalb erweitert werden. Wir hoffen, daß sich in Zukunft die für Pflanzenkrankheiten zuständigen Institute verstärkt mit Brugmansien befassen, damit Diagnose- und Bekämpfungsmöglichkeiten eindeutiger beschrieben werden können.

In dem Kapitel „Natürliche Veränderungen an Engelstrompeten" wurde zusätzlich auf einige interessante Erscheinungen eingegangen, die diese Pflanzen zu einem ergiebigen Beobachtungsobjekt machen.

Vollständig neue Erkenntnisse konnten wir über *Brugmansia vulcanicola* gewinnen. Dies war Dank der Hilfe von Prof. Richard E. Schultes (Botanical Museum of Harvard University, Cambridge) und Prof. Alvaro Fernandez-Perez (Universitaria De Popayan, Colombia) möglich, der uns den seltenen Samen vom Naturstandort beschaffen konnte. Ihnen und den bereits für die erste Auflage auf vielerlei Weise behilflichen Botanikern, Gärtnern und Freunden wie Clarence Kl. Horich, Dr. Adolfo Holguín, Hans-Erhard Wichert, Prof. Dr. Karl Zimmer und vielen anderen sei hier nochmals gedankt.

Hannover, im Herbst 1996
Ulrike und Hans-Georg Preißel

# Inhaltsverzeichnis

Vorwort  5

*Brugmansia* und *Datura* – wie unterscheiden sie sich?  8

Chronologie der Abspaltung der Gattung *Brugmansia*  11

## Brugmansia

*Brugmansia* – Heil- und Zauberpflanze der Indianer  14
Gestalt und Aufbau der Engelstrompeten  18
Wie bestimmt man Engelstrompeten?  21
Die Engelstrompeten-Wildarten  26
Die Engelstrompeten-Hybriden  44
Gibt es weitere Arten?  54
Die Engelstrompete als Kübelpflanze  59
Vermehrung  69
Züchtung  72
Aufbau einer Brugmansien-Sammlung  76
Natürliche Veränderungen an Engelstrompeten  88
Krankheiten und Schädlinge  95

## Datura

*Datura* – Heil und Zauberpflanze für jedermann  104
Gestalt und Aufbau der Stechäpfel  108
Wie bestimmt man Stechäpfel?  110
Die Stechapfel-Wildarten  112

Gibt es weitere Stechapfel-Arten?  126
Kulturhinweise für *Datura*  128
Züchtung  132
Krankheiten und Schädlinge  134

Literaturverzeichnis  135
Bezugsquellen  138
Bildquellen  138
Register  139

Linke Seite:
*Brugmansia*-Aurea-Hybride 'Citronella', Beschreibung Seite 77.
Unten:
*B.*-Arborea-Hybride 'Sternchen'.

# Brugmansia und Datura – wie unterscheiden sie sich?

Dem Liebhaber imposanter Kübelpflanzen sind Brugmansien und Daturen bestens bekannt. Er kennt ihre prachtvollen Blüten und ihren intensiven Duft. Doch hinter den so täuschend ähnlich aussehenden Blüten verbergen sich grundverschiedene Pflanzen.

Aufgrund von Unklarheiten, Irrtümern und Verfahrensfehlern hat sie die Wissenschaft lange Zeit – unter dem Namen *Datura* – in *einer* Gattung zusammengefaßt. Daß dies für Pflanzenliebhaber besonders unglücklich war, zeigt die verwirrende Vielfalt ihrer volkstümlichen Namen: Engelstrompete, Stechapfel, Trompetenbaum, Baumdatura und Baumstechapfel. Alle diese Namen wurden gleichzeitig sowohl für die baumartigen als auch für die krautigen Arten verwendet.

Bereits 1805 hielt der Botaniker CHRISTIAN H. PERSOON die Unterschiede im Pflanzenaufbau und in den Wachstumseigenschaften zwischen diesen beiden Pflanzentypen für so bedeutsam, daß er für alle baumartigen Arten eine eigene Gattung mit der Bezeichnung *Brugmansia* aufstellte. Damit entfiel auch der völlig unpassende deutsche Name „Stechapfel" für diese Pflanzen. Während nämlich die meisten Früchte der krautigen, einjährigen Gewächse Stacheln oder höckerartige Auswüchse tragen – hier paßt der Name „Stechapfel" gut – bilden alle baumartigen Arten glattwandige, oft samtig behaarte Früchte aus.

Leider blieb es nicht lange bei dieser Aufteilung. 1833 bezweifelt der Erfurter Professor J.J. BERNHARDI, daß die von Persoon im einzelnen aufgeführten

Unten links: *Brugmansia*-Früchte sind immer unbestachelt. Von links nach rechts: Früchte von *B.*-Suaveolens-Hybride, *B. versicolor*, *B.* × *candida*, *B. aurea* und *B. arborea*.
Unten rechts: *Datura*-Früchte sind meist bestachelt. Von links oben nach rechts unten: Früchte von *D. metel*, *D. inoxia*, *D. discolor* und *D. ferox*.

# Unterscheidungsmerkmale für Brugmansia und Datura

|  | *Brugmansia* (Engelstrompete) | *Datura* (Stechapfel) |
| --- | --- | --- |
| **Sproß** | holzartig | krautig, nur an der Basis etwas verholzend |
| **Größe** | bis 8 m hohe Sträucher oder Bäume | bis 1,5 m große Kräuter |
| **Lebensdauer** | langlebig, mehrere Jahrzehnte alt werdend | kurzlebig, meist nur einjährig oder überdauernd durch unterirdische Speicherorgane |
| **Dauer des Jugendstadiums** | relativ lang, Sämlinge bilden ihre erste Blüte nach zahlreichen Laubblättern in etwa 0,8 m Höhe | sehr kurz, Sämlinge können unter Extrembedingungen bereits nach den Keimblättern die erste Blüte bilden |
| **Blütenbildung und -entwicklung** | wird bei einzelnen Arten von der Temperatur beeinflußt | wird von der täglichen Lichtmenge (Lichtdauer × Lichtstärke) beeinflußt |
| **Blütenstellung** | nickend bis vollständig hängend | aufrecht |
| **Frucht** | immer unbestachelte Beerenfrucht. Fruchthülle fleischig, sich während der Reifung nicht öffnend | Kapselfrucht, meist bestachelt. Kammern der Fruchthülle öffnen sich während der Reifung oder zerfallen unregelmäßig |
| **Kelch** | Basis verbreitert sich während Fruchtreife nicht | Basis wächst während Fruchtreife zu einer Manschette heran – ausgenommen *D. ceratocaula* |
| **Samen** | mit korkartiger Hülle um die Samenschale, diese ist jedoch bei *B. vulcanicola* und *B. sanguinea* nur sehr schwach ausgeprägt. Ohne Elaiosomen* | ohne korkartige Hülle. Meist mit auffälligen Elaiosomen, ausgenommen *D. ferox*, *D. quercifolia* und *D. stramonium* |

\* Elaiosom: An frischem Samen gut erkennbares Anhängsel aus fett- und eiweißreichem Gewebe, das wahrscheinlich Ameisen als Nahrung dient. Sie übernehmen dabei die Verbreitung der Samen.

Unterschiede tatsächlich auf alle baumförmigen Arten zutreffen und vereinigte wieder beide Pflanzentypen in der Gattung *Datura*. Gleichzeitig trug er aber immerhin den Unterschieden dadurch Rechnung, daß er innerhalb der Gattung eine eigene Sektion *Brugmansia* aufstellte. Darüber hinaus machte er aber auch darauf aufmerksam, daß man möglicherweise diese Abteilung als eigene Gattung aufstellen müsse, sobald die Charaktere aller baumartigen Arten genau bekannt geworden sind. Dies geschah 1895 durch G. LAGERHEIM, der *Brugmansia* erneut in den Rang einer eigenständigen Gattung erhob. Die Unsicherheiten in dieser Frage blieben allerdings noch längere Zeit bestehen, denn bis heute wechselten die baumartigen Engelstrompeten noch mehrmals ihren Gattungsnamen – eine chronologische Liste der Umbenennungen befindet sich auf Seite 11.

1973 veröffentlichte T. E. LOCKWOOD die bislang genaueste Untersuchung über Engelstrompeten. Seine Ergebnisse sprechen eindeutig für eine Abtrennung der

Die nur 4 mm großen *Datura*-Samen weisen im frischen Zustand ein auffälliges Elaiosom auf. Links die schwarzen Samen von *D. discolor*, rechts die braungelben Samen von *D. metel*.

mehrjährigen, baumartigen Arten in eine eigene Gattung *Brugmansia*. Seitdem ist diese Gattung nach dem internationalen Code der botanischen Nomenklatur wieder gültig.

Dennoch wird in deutschsprachigen Pflanzenlexika vielfach noch der gemeinsame Name *Datura* für die krautigen und die baum- und strauchförmigen Arten verwendet. Dies führt immer wieder zu Unsicherheiten bei der Bezeichnung der Pflanzen und damit zu Verwechslungen. Dabei ist es nicht einmal besonders schwer, die Gattungen voneinander zu unterscheiden. Es reicht bereits ein Unterscheidungsmerkmal aus, um eine Pflanze der richtigen Gattung zuzuordnen (siehe Tabelle Seite 9).

Die Behandlung der baumartigen Engelstrompeten *(Brugmansia)* als eigenständige Gattung, die in den USA und England schon länger praktiziert wird, kommt allen Pflanzenliebhabern sehr entgegen, trennt sie doch Pflanzen mit sehr verschiedenen Kulturansprüchen und unterschiedlichsten Verwendungszwecken. Während die krautigen *Datura*-Arten meist einjährig, wie Sommerblumen kultiviert werden, kommt allen *Brugmansia*-Arten – zumindest in unserem Klima – die Rolle von Kübelpflanzen zu.

# Chronologie der Abspaltung der Gattung Brugmansia

**1714** Erste Abbildung einer Engelstrompete unter der Bezeichnung *Stramonioides arboreum*.
**1753** Linné bestimmt nach dieser Zeichnung die Pflanze als *Datura arborea*.
**1805** C.H. Persoon faßt alle baumartigen, mehrjährigen Arten in einer eigenständigen Gattung *Brugmansia* (nach Sebald Justin Brugmans, Prof. für Naturkunde der Universität von Leyden, 1763–1819) zusammen.
**1828** C.L. Blume verwendet den Namen *Brugmansia* fälschlicherweise für eine neue Rafflesiaceen-Gattung (*Rhizanthes* Dumortier, 1829).
**1833** J.J. Bernhardi erkennt die von Persoon angeführten Unterschiede als nicht ausreichend für eine Abtrennung als eigene Gattung.
Er ordnet *Brugmansia* als Sektion erneut der Gattung *Datura* zu.
**1852** F. Dunal und
**1892** R. v. Wettstein übernehmen Bernhardis Einteilung, Engelstrompeten als Sektion der Gattung *Datura* zu betrachten.
**1895** G. Lagerheim faßt aufgrund mehrjähriger Untersuchungen in Ecuador erneut die baumartigen Arten in einer eigenständigen Gattung *Brugmansia* zusammen.
**1920** C. van Zijp sieht den durch Blume (1828) falsch benutzten Namen *Brugmansia* als bereits vergeben an. Da auch seiner Meinung nach alle baumähnlichen Arten von den übrigen *Datura*-Arten abgetrennt werden sollten, führt er für sie den – heute ungültigen – Gattungsnamen *Pseudodatura* ein.
**1921** W.E. Safford bezieht in einer Arbeit über die Gattung *Datura* alle Engelstrompeten mit ein.
**1930** C.G.G.J. van Steenis verweist auf die Erstverwendung des Namens *Brugmansia* durch Persoon und erklärt damit die Verwendung dieses Namens durch Blume für die Rafflesiaceen-Gattung als ungültig. Damit entfällt auch die Benennung *Pseudodatura* durch van Zijp. Van Steenis unterstützt die Abtrennung aller baumähnlichen Arten als eigene Gattung; er nennt sie erneut *Brugmansia*.
**1930** P. Hochreutiner und
**1943** H.U. Moldenke verwenden für Engelstrompeten den Gattungsnamen *Brugmansia*.
**1956** G.P. DeWolf,
**1959** A.S. Barclay,
**1965** S. Danert,
**1966** M.L. Bristol und
**1969** M.L. Bristol verweisen auf Safford (1921) und betrachten alle Engelstrompeten als Arten der Gattung *Datura*.
**1973** T.E. Lockwoods Vergleich der morphologischen Eigenschaften der krautigen mit den baumähnlichen Arten spricht eindeutig für eine Zusammenfassung aller baumähnlichen Pflanzen in einer eigenen Gattung *Brugmansia*. Aufgrund dieser Arbeit wird *Brugmansia* in den meisten Pflanzenlexika als eigene Gattung geführt.

# Brugmansia

# Brugmansia – Heil- und Zauberpflanze der Indianer

Seite 12/13:
*Brugmansia × insignis*, Beschreibung Seite 49.

Wer den kulturgeschichtlichen Ursprung der Engelstrompeten erforschen will, muß weit in die Vergangenheit zurückblicken. Das Wissen um eine Bewußtseinsveränderung durch den Genuß von *Datura*, und ihre Verwendung bei verschiedenen Ritualen und Bräuchen war bereits seit der Steinzeit bekannt und durch Vorfahren der Indianer nach Amerika gebracht worden. Die bereits über viele Generationen hinweg mündlich überlieferten Rezepte von Mixturen mit Brugmansien lassen vermuten, daß Indianer schon sehr früh diese Pflanzen für sich entdeckten. Ob ihnen während der Besiedlung der Anden die große Ähnlichkeit zwischen Brugmansienblüten und den ihnen bereits vertrauten Daturablüten auffiel oder ob hier nur der Zufall half – die stark halluzinogenen Eigenschaften der Engelstrompeten wurden schon früh erkannt und ausgiebig genutzt. So wußte man bereits 1589 über die Muisca in Tunja zu berichten:

„…wurde ein toter Häuptling von seinen Frauen und Sklaven zum Grab geleitet. Sie wurden in verschiedenen Erdschichten begraben, von denen keine ohne Gold war. Und damit sich die Frauen und armen Sklaven beim Anblick des entsetzlichen Grabes nicht vor ihrem Tode fürchteten, gaben ihnen die Vornehmen des Stammes Säfte mit berauschendem Tabak und Blättern des Baumes, den wir Borrachero (= *Brugmansia aurea* oder *B. sanguinea*) nennen, mit. Diese Beigaben mischten sie ihrem gewohnten Getränk bei. So konnte keiner ihrer Sinne das ihnen bevorstehende Unglück erkennen."

Es wäre aber falsch, wollte man Brugmansien nur die Rolle eines Betäubungsmittels zukommen lassen. Für viele Indianerstämme bedeutete diese Pflanze weitaus mehr. Da sie sich die stark berauschende Wirkung, die ihr Bewußtsein veränderte, nur durch den Einfluß übernatürlicher, göttlicher Kräfte erklären konnten, wurde *Brugmansia* als ein Geschenk der Götter angesehen und mit entsprechender Ehrfurcht behandelt. Damit erklärt sich auch ihr streng festgelegter Verwendungszweck – nie wurden Engelstrompeten als Rauschmittel im üblichen Sinne mißbraucht. GUSTAV LAGERHEIM irrte, als er 1895 über *B. sanguinea* folgendes schrieb:

„Der Baum ist von wenig Nutzen, nur die Samen spielen zuweilen bei den Orgien der Indianer eine Rolle. Nach Jameson verursachen sie eine „excitacion furiosa", sodass ich gerne glaube, dass die Indianer in Mangel an Branntwein die Samen von Huantuc *(B. sanguinea)* in ihr Bier („chicha") thun."

Ziel und Zweck des Brugmansienrausches war – in der Regel – die Kontaktaufnahme mit den Göttern oder Geistern der Ahnen. Mit ihrer Hilfe versuchte man die eigene Zukunft und die des Stammes positiv zu beeinflussen. Im Rauschzustand sah man sich in eine andere Bewußtseinsebene versetzt, die es ermöglichte, mit den übernatürlichen Kräften zu kommunizieren, sie um Hilfe zu bitten und ihre Belehrungen zu empfangen. Brugmansien waren der Schlüssel, der die Tür zu dieser anderen Welt öffnete.

Die Bedeutung, die diesen Pflanzen in vielen südamerikanischen Ländern zukam, war beträchtlich. So berichtete Alexander von Humboldt über Tonga (gemeint ist hier die rotblühende Form von *Brugmansia sanguinea*), sie sei die heilige Pflanze des Sonnentempels von Sogamoso.

Ein Grund, warum Brugmansien als Halluzinogen nur in beschränktem Maße Verwendung fanden, lag in der äußerst unangenehmen Wirkungsweise dieser Pflanzen. Die Betroffenen berichten über furchterregende Visionen von Schlangen und Raubtieren, über Angstzustände und elend machende Nachwirkungen. Aus diesem Grund wurde der sich im Rausch Befindende immer von einem „Aufpasser" überwacht, der ihn gegebenenfalls vor seinen eigenen unkontrollierbaren Wutausbrüchen schützen mußte.

Die Indianer Perus nennen die Pflanze auch Huacacachu. Huacacachu bedeutet „Pflanze des Grabes". Viele Indianer glaubten, während eines Brugmansienrausches gäben die Geister der Vorfahren auch Auskunft über verborgene Schätze in längst vergessenen Gräbern.

Nicht vielen war es bislang möglich, den Ablauf eines Brugmansienrausches zu beobachten. Um so aufschlußreicher erscheint deshalb der äußerst detaillierte Bericht von J.J. VON TSCHUDI aus seinen peruanischen Reiseskizzen aus den Jahren 1838–1842:

„Am Flußufer wachsen ... an den etwas weniger steilen Bergabhängen der schöne, rothe Stechapfel *(Datura sanguinea)*; die Eingebornen nennen ihn Huacacachu, yerba de Huaca oder Bovachero und bereiten aus seinen Früchten ein sehr heftig narcotisches Getränk, die sogenannte Tonga. Seine Wirkung ist fürchterlich. Ich habe einmal Gelegenheit gehabt, sie bei einem Indianer zu beobachten, der sich mit den Geistern seiner Vorfahren in Verbindung setzen wollte. Der gräßliche Anblick dieser Scene hat sich so tief meinem Gedächnisse eingeprägt, daß ich ihn nicht wieder vergessen werde. Bald nach dem Genuß der Tonga verfiel der Mann in ein stumpfes Hinbrüten, sein Blick stierte glanzlos auf die Erde, der Mund war fest, fast krampfhaft

Salvador Chindoy, Oberhaupt der Kamsa-Indianer im Sibundoy-Tal, Kolumbien. Viele Indianersorten stammen aus seinem Garten (Aufn. A. Holguin).

geschlossen, die Nasenflügel weit aufgesperrt; kalter Schweiß bedeckte die Stirn und das erdfahle Gesicht, am Halse schwollen die Jugularvenen fingersdick an, langsam und keuchend hob sich die Brust; starr hingen die Arme am Körper hinunter. Dann befeuchteten sich die Augen und füllten sich mit großen Thränen, die Lippen zuckten flüchtig und krampfhaft. Die Carotiden klopften sichtbar, die Respiration beschleunigte sich und die Extremitäten machten wiederholt automatische Bewegungen.

Eine Viertelstunde mochte dieser Zustand gedauert haben, als alle diese Erscheinungen an Intensität zunahmen. Die nun trockenen, aber hochroth injicirten Augen rollten wild in ihren Höhlen, alle Gesichtsmuskeln waren auf das scheußlichste verzerrt. Zwischen den halbgeöffneten Lippen trat ein dicker, weißer Schaum hervor. Die Pulse an Stirn und Hals schlugen mit unzählbarer Schnelligkeit. Der Athem war kurz, außerordentlich beschleunigt und vermochte die Brust nicht mehr zu heben, an der nur noch ein rasches Fibriren zu bemerken war. Ein reichlicher, klebriger Schweiß bedeckte den ganzen Körper, der fortwährend von den fürchterlichsten Convulsionen geschüttelt wurde. Die Gliedmaßen waren auf das gräßlichste verdreht. Ein leises, unverständliches Murmeln wechselte mit gellendem, herzzerreißendem Geschrei, einem dumpfen Heulen oder einem tiefen Aechzen und Stöhnen. Lange dauerte dieser furchtbare Zustand, bis sich allmählich die Heftigkeit der Erscheinungen verminderte und Ruhe eintrat. Sogleich eilten Weiber herbei, wuschen den Indianer am ganzen Leibe mit kaltem Wasser und legten ihn bequem auf einige Schaaffelle. Es folgte ein ruhiger Schlaf, der mehrere Stunden andauerte. Am Abende sah ich den Mann wieder, als er gerade in einem Kreise aufmerksamer Zuhörer seine Visionen und die Gespräche mit den Geistern seiner Ahnen erzählte. Er schien sehr abgemattet und angegriffen zu sein, seine Augen waren gläsern, der Körper schlaff und die Bewegungen träge."

Nach dieser beeindruckenden Schilderung der verschiedenen Symptome während eines Brugmansienrausches, stellt sich die Frage nach den Inhaltsstoffen dieser Pflanzen.

Wie andere Nachtschattengewächse sind auch Brugmansien reich an Alkaloiden. Neben den Tropanalkaloiden, wie Scopolamin (syn. Hyoscin), Hyoscyamin und Atropin enthalten Engelstrompeten verschiedene Nebenalkaloide der Tropangruppe, wie Norscopolamin, Aposcopolamin u. a. Mengenmäßig am bedeutsamsten ist das Scopolamin; an dem Gesamtalkaloidgehalt von 0,3–0,55 % in der Trockenmasse der Blätter beträgt sein Anteil 30–60 %, bei der B.-Aurea-Hybride 'Culebra' sogar 80 %.

In der modernen Medizin wird die krampflösende Wirkung vieler dieser Alkaloide seit langem genutzt; sie bilden die Grundlage für die verschiedensten Medikamente (z. B. Spasmolytika). Obwohl in der Vergangenheit der gewerbsmäßige Anbau von Brugmansien zur Hyoscinproduktion betrieben wurde, wird zu diesem Zweck heute dem Anbau von *Datura*-Arten der Vorrang gegeben.

Noch immer von Bedeutung ist die Verwendung der Brugmansien zu Heilzwecken bei manchen Indianerstämmen. Besonders in einem Hochtal der Anden, dem Sibundoytal, haben die dort ansässigen Indianer ausgeprägte Kenntnisse über den medizinischen Nutzen der Engelstrompeten. Über die verschiedenen nur dort vorkommenden Kulturvarietäten und ihren Verwendungszweck wird in dem Kapitel „*Brugmansia aurea* und ihre Indianerformen" berichtet.

---

Inhaltsstoffe der Brugmansien.

Verwendung in der modernen Medizin.

Auch in anderen Ländern Süd- und Mittelamerikas werden Blüten und Blätter der verschiedensten Brugmansienarten auf den heimischen Märkten zu medizinischen Zwecken angeboten. So berichtet der Botaniker und Pflanzensammler C.K. Horich 1989 von einem Heilpflanzenhändler in Costa Rica, der ihm neben zahlreichen verschiedenen Engelstrompeten auch folgendes Rezept über den Gebrauch der Brugmansienblüten zukommen ließ:

„Die Brugmansienblüten dienen, um Krampfadern zum Abschwellen zu bringen und deren Ausbreitung zu verhindern. 4 Blüten, deren Staubgefäße und Stempel entfernt werden müssen, weil diese allergische Hautirritationen verursachen, werden in 1 Liter Wasser zusammen mit 1 Teelöffel Mentholsalbe gekocht, sie müssen 1–2 Std. ziehen und werden dann durch ein Sieb entfernt. Mit der so konzentrierten, teeartigen Flüssigkeit werden dann die von Krampfadern befallenen Waden oder Beine eingerieben und noch feucht mit Stoffbinden abgedeckt. Dies erfolgt am besten vor dem Schlafengehen. Am nächsten Morgen werden die Wickelbinden entfernt. An diesem Tag soll keine Einreibung mehr erfolgen, sondern erst wieder in der Nacht des dritten Tages. Die eventuell noch verbleibende Flüssigkeit muß weggeschüttet werden. Am fünften Tag müssen erneut 4 Blüten zu Heilflüssigkeit verarbeitet und auf die bereits beschriebene Weise verwendet werden. Am sechsten Tag muß das Einreiben unterbleiben und am siebten Tag wiederholt werden.

Diese Prozedur muß einen Monat lang durchgeführt werden, jeweils mit Einreibungen an jedem zweiten Tag.

Erscheinen die Krampfadern nach einer beschwerdefreien Zeit erneut, muß dieselbe Prozedur für einen weiteren Monat wiederholt werden."

Leider wurde den Brugmansien nicht nur positive Aufmerksamkeit entgegengebracht. Die unangenehmen Visionen nach dem Genuß dieser Pflanze erklärte man sich durch die Einflußnahme böser Geister. Das brachte *Brugmansia* schnell den Ruf einer gefährlichen Zauber- und Hexenpflanze ein, die es auszurotten galt. Vielfach wurden Engelstrompeten auch als Wohnsitz böser Götter betrachtet: Eine Legende berichtet, daß derjenige, der versehentlich im Schatten einer *Brugmansia sanguinea* einschläft, dem Wahnsinn verfalle. Nicht zuletzt der Glaube, daß giftiger Brugmansienhonig die gesamte Honigernte verderbe, hat zu der Vernichtung zahlreicher Engelstrompeten geführt.

Die in letzter Zeit in der Presse veröffentlichten Horrorgeschichten über die Gefährlichkeit dieser Pflanzen, trugen leider nicht dazu bei, die zweifellos vorhandene Vergiftungsgefahr durch den Verzehr von Engelstrompeten objektiv darzustellen. Dabei wurde nur allzu gern verschwiegen, daß es sich dabei nicht um versehentliche Vergiftungen handelte, sondern um bewußt herbeigeführte Versuche, sich in Rauschzustände zu versetzen. Über deren Gefährlichkeit wurde bereits an anderer Stelle hingewiesen. Für Kinder stellen Engelstrompeten keine unmittelbare Gefahr dar. Zum Glück ähneln ihre Früchte in keinster Weise denen eßbarer Pflanzen.

Vielleicht wären Brugmansien längst ausgerottet, hätte nicht ihr hoher Zierwert so viele Menschen beeindruckt. Immer öfter finden diese dekorativen und dabei einfach zu kultivierenden Pflanzen Eingang in Ziergärten – je nach geographischen Gegebenheiten ausgepflanzt oder als Kübelpflanzen. Es wäre schön, wenn wenigstens auf diese Weise das Überleben einer interessanten Pflanzengattung gesichert werden könnte.

Vergiftungsgefahr

# Gestalt und Aufbau der Engelstrompeten

Die größte Aufmerksamkeit schenkt der Pflanzenfreund verständlicherweise den Blüten. Aber an den Engelstrompeten gibt es noch mehr zu entdecken. So zeigt der Bauplan dieser Pflanzen einige interessante Erscheinungen, die uns die nachfolgenden Kapitel besser verstehen lassen.

## Entwicklungsstadien

Die in der folgenden Beschreibung verwendeten Buchstaben in Klammern beziehen sich auf die Abbildung rechts.

### Jugendstadium

Wenn nach der Keimung des Samens die ersten Blätter gebildet werden, zeigen diese typische Jugendformen: Sie sind verhältnismäßig klein und besitzen noch keine Einschnitte (J). Erst wenn ein Sämling zu einer Höhe von etwa 50 cm herangewachsen ist, erreichen seine Blätter nach und nach in Form und Größe das Erwachsenenstadium (E). Bei vielen Brugmansien-Arten wird die Formveränderung an der beginnenden Zahnung der Blätter sichtbar.

Auch wenn die Blätter schon bei einer Pflanzenhöhe von etwa 50 cm „erwachsen" geworden sind, der Sämling selbst ist es noch nicht. Erst wenn die erste Blütenknospe angelegt ist, hat auch der Sämling das Erwachsenenstadium erreicht. Das ist im allgemeinen bei einer Höhe zwischen 80 und 150 cm der Fall. Die erste Blütenknospe entsteht immer an der Spitze des Sprosses, der damit sein Wachstum zunächst abschließt ($BL_0$). Dieser Wachstumsabschluß markiert die Grenze zwischen der vegetativen Region und der darüber liegenden Blühregion der Pflanze.

### Erwachsenenstadium

Der Sämling setzt nun sein Wachstum durch Verzweigung fort. In der Regel treiben die beiden obersten Seitenknospen gleichzeitig aus. Die vor der ersten Blütenknospe gebildeten Internodien sind so stark verkürzt, daß die Seitensprosse in gleicher Höhe zu entspringen scheinen. Eine gabelige Verzweigung ist die Folge (in der Abbildung ist die linke Verzweigung nur angedeutet).

Seitensprosse entstehen im Pflanzenreich im allgemeinen in den Blattachseln. Direkt an der gabeligen Verzweigung sind jedoch bei den Brugmansien keine Blätter zu finden. Die hierzu gehörigen Blätter sind ein Stück mit den jeweiligen Seitensprossen verwachsen. Dies erweckt den falschen Eindruck, als würden sie erst an den Seitensprossen entspringen ($A_0$).

Hat eine Pflanze einmal zu blühen begonnen, werden unter günstigen Umweltbedingungen fortlaufend neue Blüten entwickelt. Jeweils nach der Bildung von zwei Blättern schließen die Sprosse ihr Wachstum mit einer endständigen Blüte ab, neue Seitensprosse treiben aus. Es entsteht ein charakteristisches Wachstumsmuster, das in der Regel aus gabeligen und einfachen Verzweigungen besteht. Die Gabelverzweigungen wurden schon beschrieben. Die einfachen Verzweigungen tragen jeweils ein größeres und ein kleineres Blatt vor der abschließenden Blüte. Das größere Blatt gehört zu dem vorausgegangenen Sproß; es ist aber mit dem neuen Seitensproß verwachsen, so daß es dort zu entspringen scheint ($A_0$ bzw. $B_2$).

Das kleinere Blatt ist jeweils das erste Blatt des ausgetriebenen Seitensprosses ($B_1$ bzw. $C_1$). Das zweite zu diesem Seitensproß gehörige Blatt ist infolge Verwachsung wieder auf den nächsten Seitensproß verschoben ($B_2$). Wegen der starken Internodienverkürzungen in der Blühregion ist die Entstehungsfolge dieser Blätter allerdings nur sehr schwer zu erkennen.

Dies gilt auch für die einfachen Verzweigungen der Brugmansien: Die einzeln aufeinanderfolgenden Seitensprosse erscheinen nämlich wie eine gradlinige, unverzweigte Hauptachse mit in den Blattachseln stehenden Blüten. Tatsächlich entstehen die Blüten bei den Brugmansien aber immer am Ende von Haupt- oder Seitensprossen.

Bei besonders gut gedüngten Pflanzen können aus den Blattachseln der Blühregion nacheinander bis zu sechs Seitensprosse mit Blüten austreiben. Diese Seitensprosse sind jedoch stark gestaucht und ihre Blätter verkleinert. Dadurch entsteht der Eindruck, als entspränge in einer Blattachsel ein ganzes Büschel von Blüten.

Die in der Blühregion gebildeten Blätter sind nicht nur kleiner als Blätter der vegetativen Region, sie zeigen auch eine auffällige Besonderheit: Die beiden Seiten der Blattspreiten laufen ungleichmäßig weit am Blattstiel herab, so daß

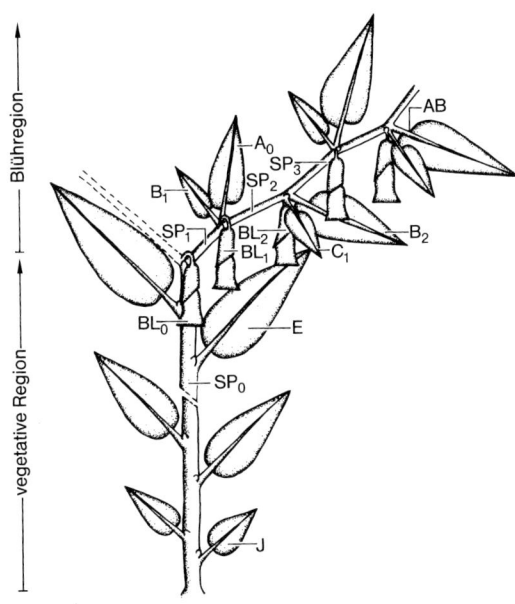

Wachstumsschema eines Brugmansiensämlings.
J Jugendblatt.
E Erwachsenenblatt.
$SP_0$ Hauptsproß.
$SP_1$ bzw. $SP_2$ bzw. $SP_3$ erster bzw. zweiter bzw. dritter Seitensproß.
$BL_0$ endständige Blüte des Hauptsprosses.
$BL_1$ bzw. $BL_2$ endständige Blüte des ersten bzw. zweiten Seitensprosses.
$A_0$ Tragblatt der Endblüte des Hauptsprosses, ist mit dem ersten Seitensproß verwachsen.
$B_1$ erstes Blatt am ersten Seitensproß.
$B_2$ Tragblatt der Endblüte des ersten Seitensprosses, ist mit dem zweiten Seitensproß verwachsen.
$C_1$ erstes Blatt am zweiten Seitensproß.
AB asymmetrische Blattspreite der Blühregion.

asymmetrische Blätter entstehen (AB). Während die Vegetationspunkte an der Sproßspitze rund und gleichmäßig sind, sind die seitlich gelegenen Blattanlagen oval und wachsen unterschiedlich stark. Durch solche im Wachstum geförderte und gehemmte Bereiche entstehen dann ungleich große Blatthälften.

Brugmansien verzweigen sich nicht nur im Zuge der bereits geschilderten Blütenbildung, sondern auch durch rein vegetatives Wachstum. Dabei handelt es sich meist um Seitensprosse, die im bodennahen Bereich austreiben und die Pflanzen strauchförmig machen. Solche Sprosse zeigen ähnliche Eigenschaften wie Sämlingspflanzen. Auch sie müssen erst eine bestimmte Länge erreichen, ehe sie Blüten bilden können. Daraus ergeben sich zwei Hinweise für die Kultur:

1. Extremer Rückschnitt der Pflanzen während der Überwinterung verzögert den Blühbeginn in der nächsten Vegetationsperiode.
2. Stecklinge aus der vegetativen Region blühen später als Kopfstecklinge aus der Blühregion.

## Bau der Blüte

Nach diesen komplizierten Zusammenhängen zwischen Blütenbildung und Verzweigung sollen noch einige Hinweise zum Aufbau der Blüten gegeben werden (Abb. unten). Die einzelnen Kelch- und Blütenblätter der Brugmansien sind normalerweise vollständig miteinander verwachsen. Die Blütenblätter bilden die Kronröhre (siehe z.B. die Blüte von *B. aurea* Seite 30 und 31). Eine Ausnahme bildet die B.-Aurea-Hybride 'Culebra'; bei ihr sind die Blütenblätter nur an der Basis verwachsen (siehe auch Seite 29 und 32).

Die Kronröhre geht im vorderen Teil in den Blütensaum über. Am Blütensaum befinden sich mehr oder weniger stark ausgeprägte Spitzen bzw. Zipfel. Das sind die Spitzen der miteinander verwachsenen Blütenblätter.

Die Staubfäden können bis zur Hälfte mit der Kronröhre verwachsen sein. Da die Kronröhre an der Basis sehr eng ist, stoßen die mit der Kronröhre verwachsenen Staubfäden mit ihren Rändern aneinander. Dazwischen bleiben die sogenannten Nektarkanäle frei. Sie führen zu dem am Blütengrund abgesonderten Nektar.

Normalerweise sind die Blüten der Brugmansien fünfteilig, das heißt, sie bestehen aus fünf Blütenblättern mit fünf Blütensaumspitzen. Es kann jedoch häufig beobachtet werden, daß an der gleichen Pflanze auch sechs- und seltener vierteilige Blüten auftreten (siehe Bild unten rechte Blüte)!

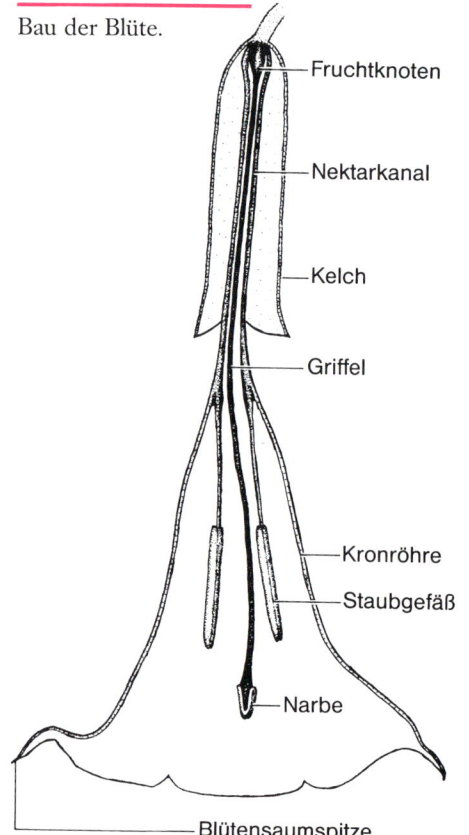

*B.*-Suaveolens-Hybride 'Weinstraße'.

Bau der Blüte.

# Wie bestimmt man Engelstrompeten?

Zur Bestimmung einzelner Pflanzenarten werden typische, unveränderliche Merkmale herangezogen, die sich über Generationen weitervererben. Solche unveränderlichen Merkmale für Brugmansien zu finden und festzulegen, fällt nicht leicht.

Wenig Hilfe bietet hier die Wuchsform, da es sich bei allen bekannten Brugmansien-Arten um ausdauernde Büsche oder kleine Bäume handelt, deren Aufbau keine arttypische Form erkennen läßt.

Ebenfalls von geringem Nutzen sind Angaben über Blattform, Blattgröße oder Behaarungszustand der Blätter; sie können innerhalb einer Art oft stärker variieren als zwischen den verschiedenen Arten.

Auch Größe und Ausfärbung der Blüten einer Art lassen sich nie eindeutig festlegen; sie verändern sich je nach Ernährungszustand, Temperatur- und Lichtverhältnissen so stark, daß sie den Grenzwert zu einer anderen Art leicht überschreiten können. So sind zum Beispiel während der Wintermonate gebildete Blüten immer ein Viertel bis ein Fünftel kleiner als die Sommerblüten derselben Pflanze. Kaum wiederzuerkennen ist gar eine im Sommer dreifarbige *B. sanguinea* (Basis grün, Mitte gelb, Saum rotorange), die sich aufgrund der sinkenden Temperaturen im Herbst in eine zweifarbige Form (Basis und Mitte grün, Saum rubinrot) verwandelt. Wen wundert es jetzt noch, wenn so viele Doppelbenennungen für ein- und dieselbe Art in Umlauf sind?

Um die große Variationsbreite eines Merkmals innerhalb einer Art berücksichtigen zu können, muß bei der Bestimmung von Brugmansien auf die Verwendung des sonst üblichen dichotomen (alternativen) Bestimmungsschlüssels verzichtet werden.

Besser eignet sich hier eine vergleichende Auflistung bestimmter charakteristischer Merkmale, die auch Überschneidungen zwischen den verschiedenen Arten zuläßt. Anhand der Spalte, die dann die größtmögliche Übereinstimmung mit den Merkmalen der zu bestimmenden Pflanze aufweist, läßt sich schließlich die richtige Art ermitteln.

An dieser Stelle muß auf die vielfältigen Möglichkeiten der Hybridbildung zwischen den verschiedenen Brugmansien-Arten hingewiesen werden. Leider erschwert gerade die Eigenschaft, die diese Pflanze bei allen Hobbyzüchtern so beliebt macht, eine exakte Bestimmung beträchtlich. Die aus zwei Arten entstehende Hybridform kann nämlich die gesamte Variationsbreite der durch die Elternpflanze eingebrachten Merkmale aufweisen. Im Bestimmungsschlüssel wurde jedoch nur der am häufigsten auftretende intermediäre Typ beschrieben. In Zweifelsfällen sollten deshalb die Merkmale der vermuteten Elternpflanzen zu Rate gezogen werden.

Noch komplizierter gestaltet sich die exakte Bestimmung von Mehrfachhybriden. Bei ihnen überlagern sich die Merkmale der beteiligten Arten in so vielfältiger Weise, daß eine eindeutige Bestimmung häufig nicht mehr möglich ist.

1a

1b

2a

2b

3a

3b

3c

# Merkmale für die Bestimmung

Als charakteristische Merkmale für die Bestimmung der Engelstrompeten haben sich die nun folgenden morphologischen Eigenschaften bewährt, da sie auch bei wechselnden Umweltbedingungen eine gewisse Beständigkeit zeigen.

1. Öffnung des Kelches
a an der Mündung in 2 bis 5, oft verschieden lange „Zähne" gespalten
b einseitig geschlitzt, die dem Schlitz gegenüberliegende Spitze kann „hornartig" abstehen oder weiter gespalten sein

Leider lassen sich nicht alle Brugmansienpflanzen eindeutig einer der beiden Gruppen zuordnen. Bei den Hybriden, deren Eltern verschiedene Kelchformen aufweisen, werden teilweise an ein- und derselben Pflanze beide Kelchöffnungsformen gefunden. Aber auch bei den Wildarten kann eine Bestimmung erschwert werden, indem die Einschnitte so unregelmäßig tief verlaufen, daß mehrfach gezahnte Formen irrtümlich als einseitig geschlitzte mit sich spaltender Spitze identifiziert werden.

Soweit möglich, wird bei der Beschreibung dieser Arten auf diese spezielle Eigenschaft hingewiesen.

2. Verengter Teil der Blütenkrone nach Kelchaustritt
a nicht sichtbar
b sichtbar
3. Form der Blütenkrone
a trichterförmig
b trompetenförmig
c röhrenförmig
4. Länge der Blütenkrone
5. Länge der Blütensaumspitzen
6. Staubbeutel zu Beginn der Blütezeit
a miteinander verklebt
b frei, nicht verklebt

Der Zustand der Staubbeutel, ob frei oder verklebt, ist sofort nach dem Öffnen der Blütenknospe zu überprüfen, da sich auch anfangs verklebte Antheren gegen Ende der Blütezeit in aller Regel voneinander lösen.

7. Fruchtform
eiförmig bis spindelförmig

Bei Hybriden können die Früchte alle denkbaren Mischformen zeigen, die sich aus den Fruchtformen ihrer Elternpflanzen ergeben.

Außer den im Bestimmungsschlüssel genannten Hybridformen existieren noch weitere Kreuzungen, die sich im Aussehen so geringfügig von der „reinen" Art unterscheiden, daß nur noch der eine Elternteil mit Sicherheit bestimmbar ist (zum Beispiel B.-Arborea-Hybride 'Engelsglöckchen').

Im Gegensatz dazu können innerhalb einer Art – vermutlich durch Mutationen – Formen entstehen, die sich so stark von ihrer Normalform unterscheiden, daß die betreffende Art kaum wiederzuerkennen ist (zum Beispiel Indianerformen von *B. aurea*). Beispiele für beide Möglichkeiten werden bei den einzelnen Arten aufgeführt und beschrieben.

8. Blütenstellung

Die geöffneten Blüten können eine Stellung von waagerecht bis vollständig senkrecht hängend einnehmen. Niemals stehen sie aufrecht wie bei den krautigen *Datura*-Arten. Blüten, die mehr oder weniger schräg nach unten geneigt sind, werden als nickend bezeichnet.

Die Beurteilung der Blütenstellung sollte man nur an senkrecht stehenden bis schräg nach oben geneigten Ästen vornehmen, denn an waagerechten Ästen hängen die Blüten ohnehin meist senkrecht nach unten.

Hybriden aus
*B. suaveolens*
× *B. versicolor* haben in
der Regel hängende,
trichterförmige Blüten,
Beschreibung Seite 49.

# Bestimmungsschlüssel für Brugmansien-Wildarten

| | B. arborea | B. aurea | B. sanguinea | B. suaveolens | B. versicolor | B. vulcanicola |
|---|---|---|---|---|---|---|
| Kelchöffnung | einseitig geschlitzt | 2–5fach geschlitzt | 2–5fach geschlitzt | 2–5fach geschlitzt | einseitig geschlitzt | 1–3fach geschlitzt |
| Verengter Teil der Blütenkrone nach Kelchaustritt | nicht sichtbar | nicht sichtbar | nicht sichtbar | sichtbar | sichtbar | nicht sichtbar |
| Form der Blütenkrone | trompetenförmig | trompetenförmig | röhrenförmig | trichterförmig | trompetenförmig | röhrenförmig |
| Blütenlänge | 12–17 cm | 14–29 cm | 15–25 cm | 24–32 cm | 30–50 cm | 15–22 cm |
| Saumspitzenlänge | 2–2,5 cm | 4–8 cm | 1–2 cm | 1–2,5 cm | 3–6 cm | 0,3–1,5 cm |
| Staubbeutel | frei | frei | frei | verklebt | frei | frei |
| Fruchtform | eiförmig | eiförmig | eiförmig | spindelförmig | spindelförmig | oval |
| Blütenstellung | nickend | nickend bis senkrecht hängend | nickend | nickend, manchmal waagerecht | senkrecht hängend | nickend bis waagerecht |
| Besonderheiten | behaarter Griffel | oft große Blätter | kein Duft Kelch: aufgeblasen | Kelch: prismatisch an der Basis | Blüten hängen immer senkrecht | Fruchtoberfläche warzig |

*B. aurea* × *B. suaveolens* × *B. versicolor*
Bei Mehrfachhybriden überlagern sich die Merkmale der beteiligten Arten in so vielfältiger Weise, daß der Bestimmungsschlüssel dafür nicht verwendet werden kann (vgl. auch Seite 52).

# Bestimmungsschlüssel für Brugmansien-Hybriden

| | B. × candida (B. aurea × B. versicolor) | B. × flava (B. arborea × B. sanguinea) | B. × insignis (B. suaveolens × B. versicolor × B. suaveolens) | B. suaveolens × B. versicolor | B. aurea × B. suaveolens | B.-Aurea-Hybride 'Culebra' |
|---|---|---|---|---|---|---|
| Kelchöffnung | einseitig geschlitzt | einseitig geschlitzt | 2–5fach geschlitzt | einseitig geschlitzt (selten mehrfach) | 2–5fach geschlitzt | 2–5fach geschlitzt |
| Verengter Teil der Blütenkrone nach Kelchaustritt | nicht sichtbar (selten sichtbar) | nicht sichtbar | sichtbar | meist sichtbar | nicht sichtbar | nicht sichtbar |
| Form der Blütenkrone | trompetenförmig | röhrenförmig | trichterförmig | trompeten-trichterförmig | trichter-trompetenförmig | |
| Blütenlänge | 23–33 cm | 21–30 cm | 25–40 cm | 28–42 cm | 22–36 cm | 15–24 cm |
| Saumspitzenlänge | 2–6 cm | 2–5 cm | 3–6 cm | 2–5 cm | 2–7 cm | 3–5 cm |
| Staubbeutel | frei | frei | frei – verklebt | frei – verklebt | frei – verklebt | frei |
| Fruchtform | Mischform | eiförmig | spindelförmig | spindelförmig | Mischform | spindelförmig |
| Blütenstellung | nickend bis ängend | nickend | nickend | meist senkrecht hängend | nickend | nickend |
| Besonderheiten | gefüllte Formen bekannt | Griffel: oft schwach behaart | | | | Blütenblätter nur an der Basis zusammengewachsen |
| Blüte | | | | | | |
| Frucht | | | | | | |

# *Die Engelstrompeten-Wildarten*

Rechte Seite:
*Brugmansia arborea.*

Die bislang umfangreichsten Untersuchungen über Engelstrompeten erfolgten durch T. E. Lockwood (1973). Seine grundlegende Einteilung in die nun folgenden Wildarten (mit Ausnahme von *B. vulcanicola*) wurde bereits 1976 von dem maßgeblichen amerikanischen Pflanzenlexikon „Hortus Third" berücksichtigt und übernommen. Folgende Wildarten sind zu unterscheiden:
*Brugmansia arborea* (Linné) Lagerheim
*Brugmansia aurea* Lagerheim
*Brugmansia sanguinea* (Ruíz & Pavon) D. Don
*Brugmansia suaveolens* (Humb. & Bonpl. ex Willd.) Bercht & Presl
*Brugmansia versicolor* Lagerheim
*Brugmansia vulcanicola* (A. S. Barclay) R. E. Schultes

## Brugmansia arborea (Linné) Lagerheim

Die heute unter dem Namen *Brugmansia arborea* bekannte Pflanze wurde bereits 1714 unter der Bezeichnung *Stramonioides arboreum* in Père Feuillée's „Journal des Observations Physiques, Mathematiques et Botaniques" abgebildet. Linné beschrieb sie anhand dieses Bildes in seiner 1753 erschienenen Pflanzensystematik „Species Plantarum" als *Datura arborea*.

Der heute gültige Name *Brugmansia arborea* wurde erstmals 1895 von Lagerheim in der „Monographie der ecuadorianischen Arten der Gattung Brugmansia" erwähnt – und obwohl er unter diesem Namen die weißblühende Form von *B. aurea* beschrieb (die echte *B. arborea* nannte Lagerheim *B. cornigera*), gilt er als Autor, der *Datura arborea* in die Gattung *Brugmansia* einordnete.

Lagerheim war nicht der einzige, dem ein Irrtum mit diesem Namen unterlief; noch heute sind die verschiedensten weißblühenden Brugmansien-Arten fälschlicherweise unter der Artbezeichnung *arborea* im gärtnerischen Fachhandel zu finden. Wahrscheinlich ist das auch ein Grund dafür, warum die echte *B. arborea* so vielen Brugmansienliebhabern unbekannt ist und nur selten in Kultur vorkommt. Dabei handelt es sich bei dieser Engelstrompete um eine äußerst robuste und gegenüber niedrigen Temperaturen und gelegentlicher Trockenheit widerstandsfähige Art.

*B. arborea* stammt ursprünglich aus den Andenregionen Ecuadors, Perus, Nordchiles und Boliviens. An ihren Naturstandorten wächst sie als Busch oder kleiner Baum (arborea = baumartig) bevorzugt in trockeneren Höhenlagen zwischen 2000 und 3000 m. Frostperioden sind dort keine Seltenheit. Bei zu starker Kälte oder zu langer Trockenheit verliert die Pflanze sämtliche Blätter und ihre jüngeren, dünneren Zweige. Nach Beendigung der für sie ungünstigen Umweltbedingungen ist diese Art aber in der Lage, durch Neuaustrieb ihr Wachstum fortzusetzen.

*Brugmansia arborea,* Frucht und Samen und Blüte.

*B. arborea* ist leicht an der Länge ihrer Blüten zu erkennen: Sie sind die kürzesten aller Brugmansien-Arten. Die zwischen 12 und 17 cm langen, trompetenförmigen Kronen sind weiß bis cremeweiß gefärbt und erweitern sich deutlich zum Blütensaum hin. Dort befinden sich zwischen den 2–2,5 cm langen, zurückgebogenen Saumspitzen stark herzförmige Einbuchtungen; bei direkter Aufsicht von unten entsteht dadurch der Eindruck eines fünfgezackten Sternes.

*B. arborea* blüht innerhalb ihrer Vegetationszeit gleichmäßig und konstant, das heißt ihre Blüten entwickeln sich beständig und nicht schubweise, wie bei den anderen Brugmansien-Arten. Dadurch und wegen der relativ langen Blütezeit der Einzelblüten (etwa 4 bis 6 Tage), die sich aus der stabilen Beschaffenheit ihrer Kronen ergibt, zeigt diese Engelstrompete während der Sommermonate ein stets gleichbleibendes Erscheinungsbild.

Bestäubt werden die schräg geneigten Blüten an ihrem Naturstandort bevorzugt von Nachtfaltern. Diese werden sowohl durch die weiße Blütenfarbe, als auch durch den in den frühen Abendstunden stärker werdenden Duft angelockt. Wenn auch Brugmansienblüten nicht „des Nachts Moschusduft aushauchen" (Vilmorin's Blumengärtnerei, 1896), so unterscheidet sich doch der sehr intensive, oft als berauschend empfundene Duft von Art zu Art beträchtlich. Er kann im günstigsten Fall mit zu der Bestimmung einer Pflanze beitragen.

Die Krone von *B. arborea* wird von dem, im Verhältnis zur Gesamtblütengröße, relativ langen Kelch eng umschlossen. Dadurch ist bei dieser Art der kurze, verengte und röhrenförmige Teil der Blütenkrone immer verdeckt. Der samtig behaarte Kelch ist einseitig tief geschlitzt – die dem Schlitz gegenüberliegende, verlängerte Spitze steht normalerweise hornartig ab, kann sich aber auch in seltenen Fällen in kleinere „Zähne" aufspalten (vgl. *Datura cornigera*, Seite 56). Häufig fällt der Kelch nach erfolgter Befruchtung ab; gelegentlich bleiben dabei einige vertrocknete Reste an der sich entwickelnden Frucht haften.

Blatt- und Blütenstiele, wie auch die ganzrandigen bis schwach gezahnten Blätter sind stark behaart; besonders die jungen Zweige und Blätter sind von einem samtartigen, weißen Belag umhüllt.

Die eiförmigen, ebenfalls samtig behaarten Früchte sind durchschnittlich 6 cm lang und haben einen Durchmesser von etwa 4,5 cm. Sie treten im Gegensatz zu anderen Arten bei *B. arborea* auch in Kultur äußerst zahlreich auf und erhöhen auf diese Weise den Schmuckwert der Pflanze. In freier Natur bleiben die Früchte an den sich verholzenden Fruchtstielen bis zur vollständigen Verwitterung ihres Außengewebes am Baum hängen. Während dieser Zeit vertrocknet die Frucht und wird allmählich durch Umwelteinflüsse so stark zerfasert, daß der abgeplattete und dreikantig geformte Samen herausfallen kann. Trotz seiner Größe von etwa 12 × 7 mm sind Samen von *B. arborea* aufgrund der dicken korkartigen Umhüllung leicht und können durch den Wind verbreitet werden.

Ein sicheres Erkennungsmerkmal für
*B. arborea* ist die weiße Behaarung ihres
Griffels. Alle anderen Brugmansien-Arten
weisen glatte, unbehaarte Griffel auf.
Dieses auffällige Bestimmungsmerkmal
findet man sonst, wenn auch in abgeschwächter Form, nur bei Brugmansienhybriden, bei denen ein Elternteil
*B. arborea* war (zum Beispiel *B.* × *flava*).

Leider bedeutet das aber nicht, daß
alle B.-Arborea-Hybriden eine Behaarung ihres Griffels aufweisen. So hat zum
Beispiel eine besonders schöne und
durchaus verbreitungswürdige Hybridform, die ihre nahe Verwandtschaft zu
*B. arborea* sonst nicht verleugnen kann,
einen vollständig glatten Griffel. Diese
mit dem Sortennamen 'Engelsglöckchen'
bezeichnete Hybride ähnelt in ihrem
Aufbau und ihrer Wuchsform sehr
*B. arborea*. Sie unterscheidet sich aber
durch eine deutlich größere Blütenkrone
(etwa 21 cm lang), einen stärker bauschenden, zurückgebogenen Blütensaum
sowie durch längere Blütensaumspitzen
(etwa 4 cm lang). Außerdem setzt diese
Hybride im Gegensatz zur Wildform nur
selten von selbst Früchte an. Ihr reicher
Blütenansatz – auch bei kleineren Pflanzen von etwa 1 m Höhe – und ihre zierliche Wuchsform machen sie, in noch
stärkerem Maße als die Wildform, zur
idealen Kübelpflanze für Standorte mit
wenig Stellfläche.

## Brugmansia aurea Lagerheim und ihre Indianerformen

Die Erstbeschreibung von *Brugmansia aurea* stammt aus dem Jahre 1893; Nils
Gustav Lagerheim beschrieb sie in einer
Ausgabe der „Gartenflora" unter dem
Titel „Eine neue goldgelbe Brugmansia".
Schon damals befanden sich Pflanzen
dieser Art wegen ihres äußerst dekorativen Aussehens in den Gärten von Quito
(Ecuador) in Kultur. Die ursprüngliche
Heimat von *B. aurea* liegt aber in den
2000–3000 m hohen Andenregionen
Nordkolumbiens, Venezuelas und Ecuadors. Da diese Pflanzenart keinen Frost
verträgt, konnte sie nie die kühleren und
trockeneren Gebiete Perus und Chiles
besiedeln.

Die Blütenfarbe von *B. aurea* beschränkt sich nicht, wie etwa der Artname vermuten läßt, nur auf Gelb (aurea
= golden). Obwohl innerhalb dieser
Farbe fast alle Nuancen von Schwefelgelb
über Goldgelb bis Apricotgelb auftreten

*B.*-Aurea-Hybride
'Culebra',
Beschreibung Seite 32.

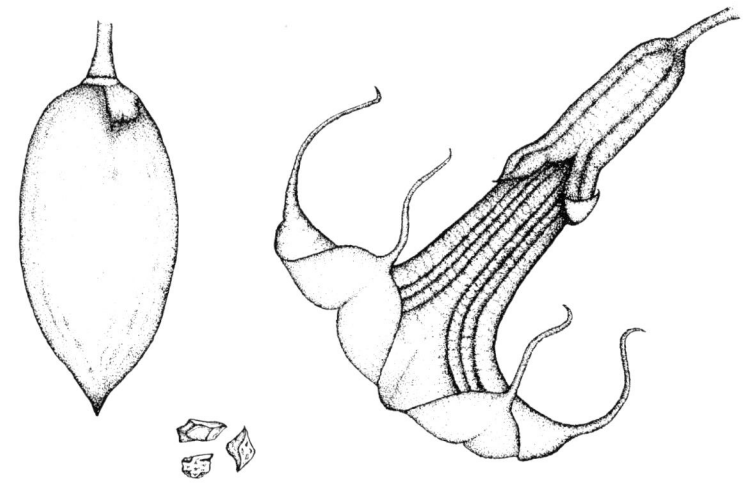

*Brugmansia aurea,* Frucht und Samen und Blüte.

Rechte Seite: *Brugmansia aurea.*

können, sind auch cremeweiß- und rosablühende Formen keine Seltenheit. Die 14 bis maximal 29 cm langen, trompetenförmigen Blüten sind von einer festen, wachsartigen Konsistenz und glänzen stark an dem sich zum Blütensaum hin erweiternden Teil. Schaut man in eine Blüte von *B. aurea* hinein, fallen die fünf gleichmäßig verteilten, dunkler erscheinenden Nektarkanäle auf, die sich deutlich von dem gelblich-grünen basalen Teil der Krone abheben. Die fünf unverklebten, leuchtend gelben Staubgefäße in der Mitte bilden dabei einen schönen Farbkontrast.

Der Blütensaum zwischen den 4–8 cm langen Saumspitzen kann sowohl gerundet, als auch leicht herzförmig eingebuchtet sein. Da er normalerweise stark zurückgerollt ist, findet diese Eigenschaft jedoch nur wenig Beachtung. Deutlich in Erscheinung treten dagegen die langen, oft spiralig verdrehten Blütensaumspitzen, die bei der zusammengefalteten Knospe noch nach vorn gerichtet sind.

Obwohl *B. aurea* durch ihren in der Dämmerung besonders intensiv auftretenden Duft und die leuchtend hellen Blütenfarben Nachtfalter anlocken kann, sind an ihren Naturstandorten oft Kolibris als Bestäuber beobachtet worden. Neben dem reichlich vorhandenen Nektar finden diese Vögel auch in den zahlreichen Insekten, die sich oft in den Kronenröhren befinden, genügend Nahrung.

Der röhrenförmige basale Teil der Blütenkrone wird, wie auch bei *B. arborea,* völlig von dem schwach behaarten aber glänzenden Kelch bedeckt. Dieser ist 2–5fach gezahnt, aber eine Seite ist oft so tief eingeschnitten, daß der Eindruck eines einseitig geschlitzten Kelches mit sich weiter teilender Spitze entsteht. Nach erfolgter Befruchtung fällt der Kelch ab oder umhüllt als trockene Haut die längliche, eiförmige Frucht. Diese erreicht eine Größe von durchschnittlich 10 cm Länge und 5 cm Breite. Nach dem Verwitterungsprozeß der Außenhaut, der noch am Baum stattfindet, fallen die etwa 12 × 8 mm großen, ungleich geformten Samen zu Boden. Aufgrund ihrer stark korkhaltigen Einlagerungen sind sie verhältnismäßig leicht und werden sowohl durch den Wind als auch durch abfließendes Wasser verbreitet.

Das wohl auffälligste an *B. aurea* sind ihre äußerst imposanten Blätter. Sie sind die größten aller Brugmansien-Arten und erreichen je nach Alter, Ernährungszustand und Sorte bis zu 70 cm Länge und 35 cm Breite. Normalerweise haben diese oval, lanzettlich geformten Blätter einen leicht gewellten Rand und glänzen trotz schwacher Behaarung. Nun entwickelten sich aber in der Vergangenheit, vermutlich durch Mutationen, neue Blattformen, deren Merkmale von denen der Normalform beträchtlich abweichen.

Für die Annahme, daß Mutationen für die veränderten Blattformen verantwortlich sind, sprechen auch Versuche, bei denen sich aus radioaktiv bestrahltem Saatgut einer „normalen" *B.* × *candida* unter anderem Jungpflanzen entwickelten, die in der Blattform denen der Indianerform 'Quinde' ähnelten. In dem bereits erwähnten Sibundoytal (Kolum-

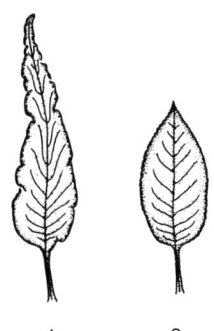

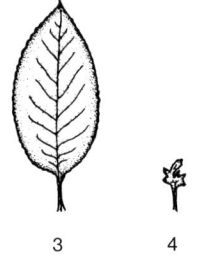

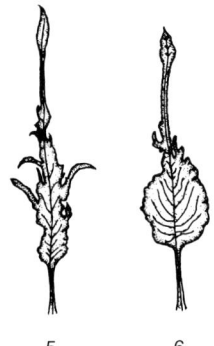

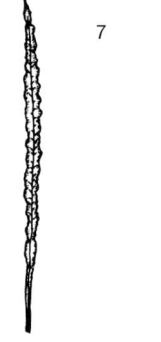

bien) sammelten die dort ansässigen Indianer solche Pflanzentypen, deren Blattform, Blattfarbe oder Blattgröße sich von denen der Wildform unterschieden. Da sie für ihre Zwecke vorwiegend die Blätter der Brugmansienpflanzen nutzten, selektierten sie die vorgefundenen Formen weniger nach Blüten- als vielmehr nach Blattveränderungen. Diese Pflanzen wurden ausschließlich vegetativ durch große Stammstücke weiter vermehrt. Die von den Indianern verwendeten Bezeichnungen für die verschiedenen Formen, die sich größtenteils aus *B. aurea*-Typen entwickelt haben, wurden für die gärtnerische Kultur weitgehend als Sortennamen übernommen. An der Entstehung einiger der in der folgenden Tabelle aufgeführten Formen können – aufgrund der Blütenmerkmale – auch andere Wildarten beteiligt gewesen sein; so bei 'Quinde' oder 'Ocre', die deshalb auch unter der Bezeichnung *B.* × *candida* in Kultur sind.

**Verschiedene Indianerformen und ihre medizinische Verwendung bei den Indianern**
(Zeichnungen und Text nach BRISTOL 1969, verändert)
'**Amaron**' (1). Weit verbreitet; ihre Blätter fanden bei Vereiterungen und zur Linderung rheumatischer Leiden Anwendung.
'**Biangan**' (2). Indianerbezeichnung für die weit verbreiteten Formen von *B.* × *candida*; ihre gemahlenen Blätter und Blüten wurden den Jagdhunden vor Jagdbeginn unter das Futter gemischt, damit diese das Wild besser aufspüren sollten.
'**Buyes**' (3). Indianerbezeichnung für die Wildart von *B. aurea*; ihre Blätter, zu Pulver vermahlen, wurden zur Linderung rheumatischer Beschwerden genutzt.
'**Munchira**' (4). Selten; ihre winzigen, hochgiftigen Blätter werden gegen rheumatische Beschwerden, gegen Wurmbefall und als Brechmittel genutzt. Ferner dienten sie zur Behandlung der Wundrose.
'**Quinde**' (5). Bekannteste aller wirtschaftlich genutzten Formen; ein aus den Blättern zubereiteter Aufguß wurde sowohl gegen rheumatische Beschwerden als auch gegen Wurmbefall genutzt. Aufgelegte Blätter halfen bei Vereiterungen. Blätter und gelegentlich auch Blüten wurden wegen ihrer halluzinogenen Eigenschaften verwendet.
'**Salaman**' (6). Seltenste Form, nur von einem einzigen Standort bekannt; ihr Besitzer verwendete die Blätter mit denen von 'Quinde' und 'Culebra' zur Herstellung eines Aufgusses, um darin von Rheumatismus befallene Glieder und Gelenke zu baden.
'**Culebra**' (7). Konnte man die zuvor beschriebenen Formen anhand ihrer Blüten noch relativ leicht als Brugmansien identifizieren, wurde 1942 im Sibundoytal eine Pflanze entdeckt, die anscheinend nicht in diese Gattung einzuordnen war.

Ihre nickenden bis hängenden 15–24 cm langen, grünlichweißen Blüten

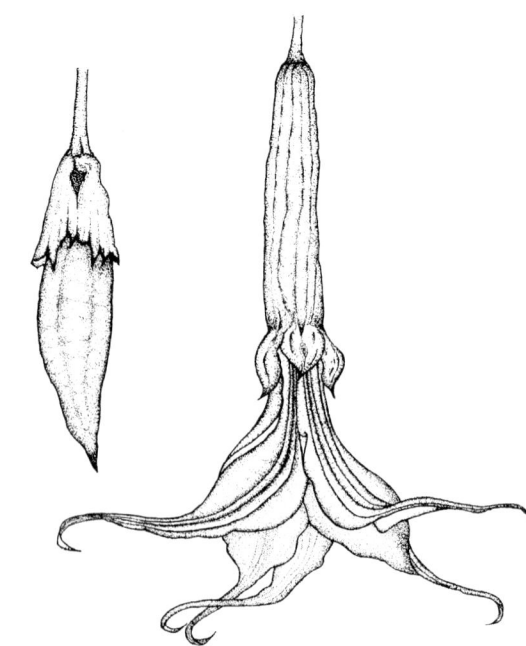

waren zwischen den Saumspitzen so stark eingeschnitten (drei bis vier Fünftel der Gesamtlänge), daß der Eindruck von fünf einzelnen Blütenblättern erweckt wurde. Der glänzende, kaum behaarte Kelch lag eng um die Blütenkrone an, nur die drei bis vier „Zähne", die durch die Spaltung an der Mündung entstanden, wirkten aufgeblasen. Die Blattspreite der bis zu 30 cm langen Blätter war nahezu bis auf die Mittelrippe reduziert, die breiteste Stelle betrug etwa 1,5 cm; ihr Rand war stark gewellt.

Ein wichtiges Merkmal dieser 1955 von R. E. SCHULTES als *Methisticodendron amesianum* beschriebenen Form war der aus mehreren einzelnen Griffeln bestehende Stempel – diese auffällige Stempelform wurde sonst bei keiner anderen Brugmansie gefunden. Nach Schultes besteht jeder Stempel aus drei voneinander unabhängigen Griffeln, die jeweils eine ungeteilte Narbe tragen. Neben dieser „Dreierform" existieren jedoch auch Blüten, deren Stempel aus zwei miteinander verklebten Griffeln bestehen. Beide Stempelformen werden häufig an ein und derselben Pflanze beobachtet. LOCKWOOD (1973) rechnete *Methisticodendron amesianum* der Gattung *Brugmansia* zu und sie gilt als eine der interessantesten Mutationsformen, die vermutlich aus einer B.-Aurea-Hybride entstand. Für diese Annahme spricht jedenfalls ihre länglich-ovale Fruchtform, die damit stark von der Normalfruchtform einer *B. aurea* abweicht.

Ihr Sortenname 'Culebra' ist die Übersetzung für die bei den Kamsa-Indianern gebräuchliche Bezeichnung „mutscuai borrachero". Das könnte man am ehesten als „berauschend oder betrunken machende Pflanze der Schlange" übersetzen, wobei sich der Begriff „Schlange" vermutlich auf die lange, schmale Blattform dieser Brugmansie bezieht.

In früheren Zeiten wurden die stark bewußtseinsverändernden Eigenschaften dieser Pflanze zur Wahrsagerei und zum Erlernen von Hexenkünsten benutzt – die Novizen durften hierbei nur während des Rauschzustandes in die Geheimnisse des Kultes eingeweiht werden. Noch heute wird von den Indianern ein aus den Blättern zubereiteter Aufguß zur Linderung rheumatischer Beschwerden genutzt.

## Brugmansia sanguinea (Ruíz & Pavon) D. Don

Die Erstbeschreibung dieser Pflanze unter dem Namen *Datura sanguinea* stammt aus dem Jahre 1799, wo sie bereits in einer Zusammenstellung der peruanischen und chilenischen Flora von RUÍZ und PAVON erwähnt wurde. Ihre Umbenennung in *Brugmansia sanguinea* erfolgte 1835.

Das Verbreitungsgebiet dieser äußerst robusten und widerstandsfähigen Engelstrompete erstreckt sich entlang den Gebirgshängen der Anden Nordkolumbiens bis Nordchiles in Höhenlagen von 2000–3000 m. Der dort häufig auftretende schwache Frost wird von *B. sanguinea* weitgehend toleriert – bei zu langen oder zu kalten Frostperioden verlieren die Pflanzen ihre Blätter und Zweige und frieren bis ins Holz zurück. In der darauffolgenden Vegetationsperiode erfolgt jedoch problemlos der Neuaustrieb aus den überlebenden Pflanzenteilen.

*B. sanguinea* ist anhand ihrer Blütenform leicht zu erkennen: Ihre Krone ist röhrenförmig und nur zur Mündungsöffnung hin erweitert. Die gelbgrünen, behaarten Blütenadern treten stark hervor und geben der Krone eine Stabilität,

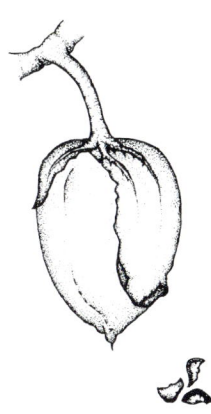

*Brugmansia sanguinea*, Blüte, Frucht und Samen.

Linke Seite: *Brugmansia*-Aurea-Hybride 'Culebra', Frucht und Blüte.

wie sie sonst keine andere Engelstrompete aufweist. Der zurückgebogene, teilweise wie gerollt wirkende Blütensaum endet in den 1–2 cm langen, gebogenen Saumspitzen. Die Blütenlänge dieser Art variiert je nach Sorte zwischen 15 und 25 cm.

*B. sanguinea* ist die farbenprächtigste aller Engelstrompeten: Während bei den anderen Arten pastellfarbene Blütenkronen überwiegen, zeigen gerade diese Pflanzen intensiv leuchtende Farben oder Farbkombinationen. So kommen neben einer mehrfarbigen Form (Blütenbasis grün, Mitte gelb, Mündung rot oder orange) auch einfarbige Formen vor, deren Blüten leuchtend rot, rosa, orange, goldgelb oder hellgelb gefärbt sind. Weißblühende Pflanzen sind allerdings nicht bekannt. Neben der Sorte sind für die Ausfärbung der einzelnen Blüten die vorherrschenden Temperaturen von entscheidender Bedeutung. So wird aus der im Sommer bei etwa 20 °C dreifarbigen Form (grün – gelb – rotorange) im Herbst bei etwa 10 °C eine zweifarbige Form (grün – rubinrot). Der im Sommer leuchtend gelb blühende Typ erscheint im Herbst mit grünlichgelben Blüten.

Auffallend oft findet man während besonders warmer Sommermonate, die bei anderen Brugmansien-Arten wahre Blütenexplosionen auslösen können, Pflanzen von *B. sanguinea* ohne jegliche Blüte vor. Auch hierfür sind in erster Linie die Temperaturbedingungen verantwortlich. Bei dieser Art verhindern offensichtlich Temperaturen über 22 °C die Blütenentwicklung. Zwar bilden sich auch hier ständig neue Knospen; bei hohen Temperaturen erreichen sie jedoch nur eine durchschnittliche Größe bis etwa 1 cm, bevor sie vertrocknen und abgeworfen werden. Eine gute Blütenentwicklung ist dagegen bei einer Durchschnittstemperatur von 10–16 °C zu erwarten. Gerade das macht diese Engelstrompete zu einer geeigneten Wintergartenpflanze – sie blüht dort fast während der gesamten Wintermonate.

Von zusätzlichem Zierwert sind die eiförmig bis lanzettlich geformten Blätter mit meist ausgeschweift buchtigem Rand. Sie sind, wie auch die jungen Äste und Kelche der Blüten, mit weichen Haaren bedeckt. Die Kelche sind an ihrer Mündung zwei- bis fünffach eingeschnitten und wirken durch das starke Hervortreten der Kelchadern „aufgeblasen". Nach erfolgter Befruchtung haftet der sich noch weiter vergrößernde Kelch an der eiförmigen Frucht und umhüllt sie während der gesamten Fruchtreife.

Oben: Einfarbig gelbblühende Form von *Brugmansia sanguinea*.

Linke Seite: Dreifarbige Form von *Brugmansia sanguinea*.

In ihrer Heimat wird *B. sanguinea* von Kolibris bestäubt; hierbei zeigt gerade diese Engelstrompete, wie sehr die Pflanze den Fähigkeiten und Eigenschaften ihres Bestäubers angepaßt sein kann: Kolibris haben einen gut entwickelten Wahrnehmungssinn innerhalb des Rotspektrums – *B. sanguinea*-Blüten zeigen oft leuchtend rote Kronenabschnitte (sanguinea = rot wie Blut). Kolibris haben einen schwach entwickelten Geruchssinn – *B. sanguinea*-Blüten duften als einzige von allen Brugmansien-Arten nicht.

Auch für die Verbreitung ihrer Samen scheint sich diese Engelstrompete der Hilfe von Tieren zu bedienen. Die etwa 8 cm lange und 5 cm breite, behaarte Frucht vertrocknet nicht, wie jene der anderen Arten. Entweder verfault sie noch am Baum und der darin eingeschlossene Samen keimt bereits in der Frucht, oder – wie von ihrem Naturstandort häufig beschrieben – findet man am Baum hängend leere, einseitig geöffnete Früchte vor. Während einer Pflanzenexpedition im Jahre 1892 wurden an *B. sanguinea*-Bäumen fast sämtliche reifen Früchte mit großen, runden, seitlichen Öffnungen gefunden – der Samen war entweder herausgenommen oder herausgefallen. Als mögliche Verursacher wurden damals Vögel oder Fledermäuse vermutet, jedoch wurde nie ein Tier bei dieser Tätigkeit beobachtet.

Interessant ist in diesem Zusammenhang auch die Tatsache, daß *B. sanguinea*-Samen im Vergleich zu dem anderer Arten weniger korkhaltige Einlagerungen aufweist. Damit ist er im Verhältnis zu seiner Größe (4 × 7 mm) deutlich schwerer als der anderer Brugmansien und kann nur in beschränktem Umfang durch den Wind verbreitet werden.

*B. sanguinea* ist – außer den schon erwähnten Formen von *B. aurea* – die von den Indianern am häufigsten zu medizinischen Zwecken verwendete Engelstrompete. Ihr Indianername lautet „Guamuco" oder „Guamucu borrachera". Ein Gemisch aus Blüten von *B. sanguinea* mit Blättern der B.-Aurea-Hybride 'Culebra' und den Blättern eines Brennesselgewächses soll bei rheumatischen Beschwerden helfen.

## Brugmansia suaveolens (Humb. & Bonpl. ex Willd.) Bercht. & Presl

Diese erstmals 1809 von Willdenow unter dem Namen *Datura suaveolens* beschriebene Engelstrompete wurde während der berühmt gewordenen Amerikareise von Alexander von Humboldt und Aimé Bonpland (1799–1804) entdeckt. Ihre Einordnung in die Gattung *Brugmansia* erfolgte 1823.

Die ursprüngliche Heimat dieser heute wohl am weitesten verbreiteten Engelstrompete waren die Küstenregionen des Regenwaldes von Südostbrasilien. Dort wächst sie in Niederungen unter 1000 m

*Brugmansia suaveolens*, Frucht, Samen und Blüte.

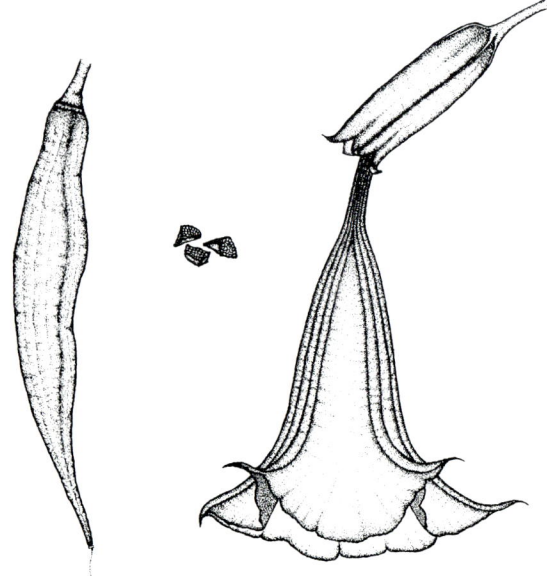

– bei hoher Luftfeuchte, hohen Temperaturen und hohen Niederschlagsmengen – bevorzugt an Waldrändern oder entlang von Flußläufen.

Schon früh erkannte man den Zierwert dieser Pflanze und dementsprechend schnell erfolgte ihre Weiterverbreitung durch den Menschen. Heute findet man *B. suaveolens* außer in Brasilien in weiten Teilen Südamerikas, Zentralamerikas, Mexikos, auf den Karibischen Inseln, aber auch im tropischen Afrika.

In Europa wurde diese reichblühende, großblumige Art als Kübelpflanze schnell bekannt – bei einem Großteil der sich heute in Kultur befindenden Brugmansien dürfte es sich deshalb um *B. suaveolens* oder um ihre Hybriden handeln.

Auch diese Pflanzenart weist eine typische Blütenform auf: Die Kronröhre, die verengt aus dem Kelch austritt, erweitert sich gleichmäßig bis zum Blütensaum hin, so daß eine Trichterform entsteht. Die Blütensaumspitzen sind immer kurz, meist nur 1–2,5 cm lang, nach außen gebogen, aber nie zurückgerollt.

Normalerweise besitzt jede Blüte 5 Blütensaumspitzen, die jeweils durch drei hervortretende Bütenadern gestützt werden, so daß ihre arttypische Kronenform entsteht. Nun findet man aber gerade bei *B. suaveolens* immer wieder Typen, die neben den normalerweise auftretenden Blüten mit 5 Saumspitzen solche mit 4 oder 6 Saumspitzen hervorbringen. Diese 4er- bzw. 6er-Formen blühen inmitten normaler 5er-Formen an derselben Pflanze. Ihre Mündungsöffnungen zeigen dabei einen um ein Fünftel vergrößerten bzw. verkleinerten Saumumfang, der sich durch das zusätzlich eingeschobene oder fehlende Segment ergibt. Außerdem haben diese Blüten 4 bzw. 6 Staubgefäße, im Gegensatz zu den üblicherweise vorhandenen 5 Staubgefäßen der Normalform. Wodurch diese zahlenmäßigen Abweichungen der Blütenteile hervorgerufen werden, ist noch unklar.

Bei allen Sorten von *B. suaveolens* sind die Staubbeutel nach dem Öffnen der Blütenknospen miteinander verklebt und bilden eine Einheit, die sich erst während des Verblühens zu lösen beginnt. Da bei den anderen Arten die Antheren schon bei Blühbeginn einzeln und unverklebt sichtbar sind, wird diese Eigenschaft als sicheres Erkennungsmerkmal für *B. suaveolens* genutzt. Bei manchen Hybriden findet man die Staubbeutel schwach verklebt oder nur teilweise verklebt vor – ein sicherer Beweis für die Beteiligung

Als Hochstamm gezogene *Brugmansia suaveolens*.

von *B. suaveolens* an der Entstehung dieser Hybridform.

Die Blütenkronen von *B. suaveolens* sind 24–32 cm lang, vorwiegend weiß bis cremeweiß, seltener gelb oder rosa gefärbt. Diese helleuchtenden Blütenfarben, der in der Dämmerung intensiv auftretende Duft (suaveolens = wohlriechend) und nicht zuletzt die schräg geneigte bis waagrechte Blütenstellung weisen auf Nachtfalter als mögliche Bestäuber hin.

Interessant ist bei dieser Engelstrompete auch die Entwicklung der Blütenstellung von der Knospe zur voll ausgebildeten Blüte: Sie findet gegen das zunehmende Gewicht der Blüte statt! So wächst die junge Knospe bis zu einer Größe von etwa 2 cm in aufrechter bis leicht geneigter Haltung. Während des nun folgenden Wachstums krümmt sich der Blütenstiel, so daß bis zu einer Knospengröße von etwa 7 cm die Knospe beinahe senkrecht nach unten hängt. Daran anschließend richtet sich der Stiel erneut auf und erreicht bei voller Blüte eine oft waagerechte Haltung. Nach der Befruchtung wird der immer noch weiter wachsende Blütenstiel schließlich durch das zunehmende Gewicht der Frucht nach unten gebogen.

*B. suaveolens* blüht schubweise, das heißt auf eine Blühphase, die zwei bis vier Wochen dauern kann, folgt eine Zeit, in der die Pflanzen verstärkt neue Blütenknospen anlegen und somit die Voraussetzung für einen neuen Blütenschub schaffen. Doch zeigt sich auch hierbei *B. suaveolens* nie so blütenlos wie manche andere Art. Oft ist der Wachstumsrhythmus nur am Wechsel zwischen starkblühenden und schwachblühenden Phasen zu erkennen.

Auch während des Winters blüht diese Engelstrompete, wenn die Lichtverhältnisse ausreichen und die Temperaturen 12–18 °C betragen. Sie eignet sich deshalb besonders gut für die Bepflanzung von Wintergärten.

*B. suaveolens* gehört zu den stark wachsenden Arten dieser Gattung. In ihrer Heimat wächst sie in Buschform, gelegentlich auch als kleiner Baum zu einer Höhe von 3–5 m heran.

Die oval bis elliptisch geformten Blätter sind ganzrandig, meist wenig behaart und glänzend. Der Kelch, ebenfalls fast unbehaart und glänzend, wirkt an der Basis durch die hervortretenden Kelchadern eckig (fast prismatisch) und leicht aufgeblasen. An der Mündung teilt er sich in 2 bis 5 meist gleichlange „Zähne". Nach erfolgter Befruchtung haftet er oft an der sich entwickelnden Frucht und umhüllt sie als trockene, papierähnliche Schicht.

Die länglichen Früchte sind spindelartig geformt, 10–22 cm lang und weisen trotz glänzender Oberfläche zahlreiche Unebenheiten und Furchen auf. In der Natur vertrocknen sie – wie die der meisten Brugmansienarten – noch am Baum, so daß erst nach Verwitterung der Außenhaut durch Umwelteinflüsse der flache, etwa 8 × 5 mm große Samen frei wird. Seine natürliche Weiterverbreitung erfolgt durch den Wind oder durch abfließendes Wasser.

*B. suaveolens* ist neben Formen von *B.* × *candida* wohl die am meisten in Kultur verbreitete Engelstrompete. Neben ihrer Starkwüchsigkeit sind auch die früh einsetzende Verzweigung, die oft bis unten geschlossene Belaubung und die relativ wetterunabhängige, sichere Blüte für ihre Beliebtheit von entscheidender Bedeutung.

Leider wird gerade diese Art von den verschiedensten Blattschädlingen bevorzugt befallen. Ihre Schadbilder sowie die Möglichkeiten zur Bekämpfung werden auf Seite 98–101 vorgestellt.

*Brugmansia versicolor.*

## Brugmansia versicolor
Lagerheim

B. versicolor wurde 1895 von NILS GUSTAV LAGERHEIM als eigenständige Art erkannt und in der „Monographie der ecuadorianischen Arten der Gattung Brugmansia" unter ihrem noch heute gültigen Namen beschrieben.

Ihre Heimat beschränkt sich auf die tropischen Regionen Ecuadors, wo sie innerhalb des Guayaquil-Bassins und südlich des Golfes von Guayaquil in Niederungen bis zu 750 m wächst. Innerhalb dieses relativ kleinen Verbreitungsgebietes kommt es jedoch zu einer auffälligen Veränderung von Blütengröße und Behaarungszustand: Die Pflanzen mit den größten Blüten werden in den nördlichen Regionen, diejenigen mit der stärksten Behaarung und deutlich geringerer Blütengröße in den südlichen Regionen ihrer natürlichen Heimat beobachtet.

Durch die große Variationsbreite dieser Merkmale innerhalb B. versicolor läßt sich auch erklären, daß die von Lagerheim beschriebene B. versicolor (helles Ziegelrot, glatte Zweige und Blattstiele) wenig Ähnlichkeit mit einer 1918 entdeckten Brugmansie aufwies. W. E. SAFFORD beschrieb sie 1921 als eine rosablühende, stark behaarte Engelstrompete, die sich heute problemlos in die Vielfalt der Typen von B. versicolor einordnen läßt, als eigenständige Art unter dem Namen *Datura mollis*. Leider wurde dieser Name mißbräuchlich für die verschiedensten Engelstrompeten verwendet. Die von Safford als *Datura mollis* beschriebene Originalpflanze war aber mit großer Sicherheit eine rosablühende, stark behaarte B. versicolor (siehe hierzu auch Seite 57).

Trotz breiter Variationsmöglichkeiten bei einigen Merkmalen läßt sich B. versicolor gut erkennen. Ihre Blütenkronen sind die größten aller Brugmansien-Arten – sie erreichen eine Länge zwischen 30 und 50 cm. Dabei wird immer die starke Verengung des basalen Teiles der Krone zu einer dünnen, langen Röhre sichtbar –

Rechte Seite:
*B.*-Versicolor-Hybride
f. *plena* 'Herrenhäuser
Gärten' mit dunkelorangefarbenen
Blüten, Beschreibung
Seite 84.

*Brugmansia versicolor*,
Samen, Frucht und
Blüte.

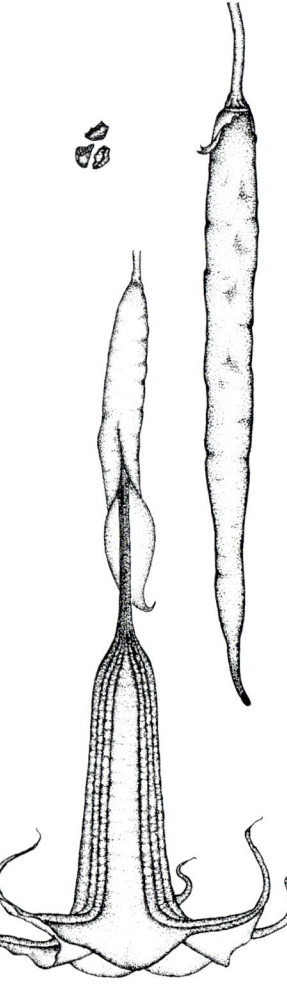

die Länge des verengten Teils kann dabei bis zur Hälfte der Gesamtblütenlänge betragen. Daran schließt sich ein trompetenförmiger Blütenabschnitt an, der sich zum bauschenden Blütensaum hin stark erweitert und in den 3–6 cm langen, gebogenen Saumspitzen endet.

Die vor dem Aufblühen grüne bis grüngelbe Knospe färbt sich während des Erblühens bei *B. versicolor* zunächst weiß, bevor sie dann ihre endgültige Farbe annimmt (versicolor = verschiedenfarbig). Das kann je nach Sorte apricot- oder pfirsichfarben, rosa oder weiß sein.

*B. versicolor* duftet besonders intensiv während der Abendstunden; trotzdem kann eine Bestäubung durch Nachtfalter aufgrund der Blütenlänge und der stets hängenden Blütenstellung weitgehend ausgeschlossen werden. Oft findet man aber verschiedene kleinere Insektenarten innerhalb der langen Blütenkronen die vermutlich durch den Duft angelockt, in die Krone gelangen und dort häufig beim Pollenfressen zu beobachten sind. Beim Verlassen der Blüten haben viele Insekten dann Schwierigkeiten, die nach unten ausgerichtete Blütenöffnung wiederzufinden. Ob die in Kultur spontan auftretenden Befruchtungen mit diesen oft hektisch ausgeführten Irrflügen innerhalb der Krone zu erklären sind, ist zwar wahrscheinlich, bleibt aber zu überprüfen.

*B. versicolor* blüht schubweise – und bei dieser Engelstrompete ist der Unterschied zwischen den einzelnen Wachstumsphasen deutlich zu erkennen. Bei keiner anderen Brugmansien-Art erblühen zu einem Zeitpunkt so viele Blüten gleichzeitig: *B. versicolor* scheint während eines Blühschubs nur aus Engelstrompeten zu bestehen. Auf diese sehr beeindruckende Blühperiode, die zwischen zwei und vier Wochen dauern kann, folgt eine ein- bis zweimonatige Wachstumsphase, die bei dieser Engelstrompete fast immer blütenlos ist. Während dieser Zeitspanne bilden sich fortlaufend neue Blütenknospen, die alle zu einer bestimmten Größe heranwachsen. In diesem Reifestadium verharren sie – in einer Art Wartestellung – bis genügend Knospen für den nächsten Blühschub gebildet wurden. Der letzte Entwicklungsabschnitt und das Öffnen der Knospen erfolgt dann für alle Blüten gleichzeitig: Ein neuer Blühschub beginnt. Je nach Temperatur und Lichtverhältnissen und natürlich abhängig vom Ernährungszustand der Pflanze, treten während eines Sommers bis zu drei dieser Blühschübe auf.

Der für die Gesamtblütenlänge relativ kurze Kelch ist einseitig geschlitzt, glänzend oder leicht behaart und umschließt locker die dünne Blütenröhre. Nach der Befruchtung fällt er meist ab, kann aber auch als trockene Haut den obersten Teil der Frucht bedecken. Diese sehr langen und dünnen Früchte sind 26–45 cm lang und glatt. In ihrer Heimat vertrocknen und verwittern sie noch am Baum, bevor sie den 7 × 8 mm großen Samen freigeben. Wie bei fast allen Brugmansien wird auch dieser durch Wind und Wasser weiterverbreitet.

In der Natur erreicht *B. versicolor* als Busch oder kleiner Baum eine durchschnittliche Höhe von 3–5 m. In Kultur dagegen sollte diese Brugmansie bevorzugt als Hochstamm herangezogen werden, da gerade in dieser Wuchsform die sehr langen, vollkommen hängenden und zahlreichen Blüten am wirkungsvollsten zur Geltung kommen.

Die Blätter von *B. versicolor* sind länglich bis elliptisch geformt, ganzrandig und glatt bis schwach behaart.

Ein für alle *B. versicolor*-Sorten charakteristisches Merkmal ist, wie schon beschrieben, der zur Gesamtblütenlänge relativ kurze Kelch; nur dadurch wird ein

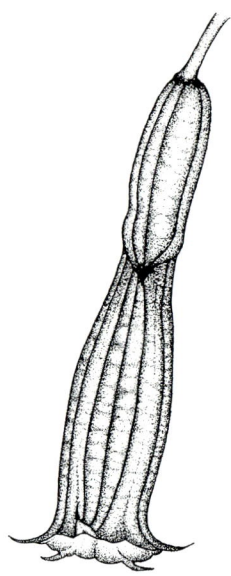

großer Teil der starken Verengung des oberen Blütenabschnittes sichtbar. Mittlerweile finden sich aber in Kultur immer mehr Formen von *B. versicolor* mit langen Kelchen, die den verengten Teil der Kronröhre total verdecken. Bei solchen Formen, die in einzelnen Merkmalen (zum Beispiel einem langen Kelch) von der Norm abweichen, sollte man immer die Möglichkeit einer Hybridbildung in Erwägung ziehen.

## Brugmansia vulcanicola (A.S. Barclay) R.E. Schultes

Erstmals 1959 beschrieb A.S. BARCLAY unter dem Namen *Datura vulcanicola* eine Pflanze, deren Blüte in ihrem Aussehen an die einer *Brugmansia sanguinea* erinnerte. Dies mag der Grund dafür gewesen sein, daß einige Autoren sie als Subspecies dieser Art einzuordnen versuchten. 1977 reihte sie R.E. SCHULTES als eigenständige Art *B. vulcanicola* in die Gattung *Brugmansia* ein.

*B. vulcanicola* ist wohl die seltenste aller Engelstrompeten; selbst in ihrer südamerikanischen Heimat sind nur vereinzelte Exemplare an wenigen Naturstandorten bekannt. Der bekannteste davon ist der Hang des Vulkans Puracé in Südkolumbien (vulcanica = auf vulkanischem Gestein wachsend), wo sie in einer Höhe von 2800–3300 m wächst. Auch in Kultur ist *B. vulcanicola* bislang kaum zu finden.

Vor zwei Jahren gelang es, einige wenige Samenkörner von *B. vulcanicola*, gesammelt am Naturstandort in Kolumbien, für die Herrenhäuser Gärten zu erhalten. Sie keimten gut und haben sich mittlerweile zu stattlichen, zwei Meter hohen, prächtig blühenden Bäumchen entwickelt. Somit umfaßt die Brugmansiensammlung der Herrenhäuser Gärten nun einen – wenn auch kleinen – Bestand von genetisch unterschiedlichen Pflanzen dieser Art. Es besteht daher die begründete Hoffnung, in den nächsten Jahren ausreichend Früchte mit keimfähigen Samen ernten zu können. Einer stärkeren Verbreitung dieser interessanten Engelstrompete bei den verschiedenen Brugmansienfreunden stünde dann nichts mehr im Wege.

Die Blüten von *B. vulcanicola* ähneln denen von *B. sanguinea*: Sie weisen dieselbe röhrenförmige Krone bei etwa gleicher Kronenlänge (15–22 cm) auf, ihre Saumspitzen sind jedoch mit nur 0,3–1,5 cm die kürzesten aller Brugmansienarten. Der Durchmesser der Kronröhre ist an seiner breitesten Stelle mit 3 cm nur etwa fingerdick; damit besitzt *B. vulcanicola* den kleinsten Blütendurchmesser. Schwach hervortretende Blütenadern und ein kaum gerollter Blütensaum sind weitere typische Merkmale dieser zierlichen Engelstrompete. Trotzdem weist ihre Bütenkrone eine so feste Konsistenz auf, wie man sie sonst nur bei *B. sanguinea* beobachten kann. Diese verdankt sie einer 1 mm dicken Kronenwand, die der Blüte lange Haltbarkeit (5 bis 8 Tage) garantiert.

Wie bereits von *B. sanguinea* bekannt, existiert auch bei *B. vulcanicola* eine mehrfarbige Form. Doch im Gegensatz zu der Farbfolge bei *B. sanguinea* (Basis grün, Mitte gelb, Mündung rot) ist die Reihenfolge der Farben bei *B. vulcanicola* verändert. Ihre grüne, meist vom Kelch verdeckte Basis geht über in eine rote Mitte, die zum Kronenende hin nach und nach gelber wird, um an der Mündung schließlich in leuchtend reinem Gelb zu enden. Weiterhin sind von *B. vulcanicola* einfarbig rote und gelbe Formen bekannt; ihre grüne Basis wird vom Kelch völlig verdeckt. Zusätzlich zu diesen Farben

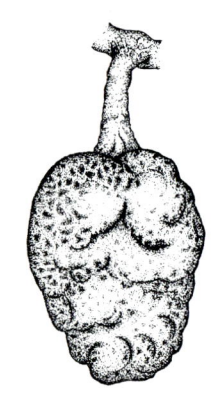

*Brugmansia vulcanicola*, Blüte und Frucht.

existiert eine sehr seltene rosapastellblühende Form mit hellrosa gefärbten Adern, von der zwei Sträucher in der Nähe des La Cocha-Sees in Kolumbien vorkommen. Besonders auffällig ist bei dieser Pflanze der dunkelviolett gefärbte Kelch.

Der glänzende Kelch von *B. vulcanicola* liegt, im Gegensatz zu dem einer *B. sanguinea*, eng an der Kronröhre an. Seine Öffnung ist ein- bis dreifach geschlitzt; die dadurch entstehenden Spitzen spalten sich gelegentlich in kleinere „Zähne" unterschiedlicher Länge auf. Während der Fruchtentwicklung fällt der Kelch dieser Brugmansien-Art meistens ab.

Die über 12 cm lange, eher oval geformte Frucht von *B. vulcanicola* hat immer eine runzelig-warzige Oberfläche und haftet mit ihrem verholzenden Fruchtstiel fest am Ast. Das Holz dieser Äste wird als faserig und sehr hart beschrieben, nie als brüchig, wie das der anderen Brugmansien-Arten. *B. vulcanicola* wächst als kleiner Baum oder in Buschform bis zu einer Höhe von 4 m heran.

Die Blätter dieser Engelstrompete sind eiförmig mit gebuchtetem Rand, kaum behaart und glänzen stark. Aufgrund ihrer geringen Größe – bei blühfähigen Pflanzen erreichen sie nur eine Länge zwischen 8 und 10 cm – kommen die recht zierlichen Blüten von *B. vulcanicola* trotz ihrer geringen Ausmaße doch gut zur Geltung.

Interessant sind auch die Hybriden von *B. vulcanicola*. Neben inzwischen vorhandenen einfarbigen Formen in Gelb, Rosa oder Rot, zeigt eine Kreuzung zwischen *B. sanguinea* und *B. vulcanicola* die Farbfolge (Basis grün, Mitte gelb, Mündung rot) und die typische Kelchform von *B. sanguinea*. Die zierliche Form der Blüte weist dagegen auf *B. vulcanicola* hin.

Leider ist *B. vulcanicola* in der Kultur nicht ganz problemlos und zeigt sich insbesondere anfällig gegenüber Nässe im Substrat. Dadurch ist der ohnehin geringe Bestand dieser seltenen Brugmansie aufs höchste gefährdet und es bleibt nur zu hoffen, daß diese interessante Pflanzenart durch gärtnerische Maßnahmen erhalten werden kann.

Links:
Gelb blühende Form von *B. vulcanicola*.
Rechts:
Gelb-rot blühende Form von *B. vulcanicola*.

# Die Engelstrompeten-Hybriden

*Brugmansia* × *candida* Persoon *(B. aurea* × *B. versicolor)*
*Brugmansia* × *flava* Herklotz ex Preissel *(B. arborea* × *B. sanguinea)*
*Brugmansia* × *insignis* (Rodrigues) Lockwood *(B. suaveolens* × *B. versicolor* × *B. suaveolens)*
*Brugmansia suaveolens* × *Brugmansia versicolor*
*Brugmansia aurea* × *Brugmansia suaveolens*
*Brugmansia aurea* × *Brugmansia suaveolens* × *Brugmansia versicolor*

Von den Hybridformen werden auch heute noch *B.* × *candida*, *B.* × *insignis* und *B. suaveolens* × *B. versicolor* in freier Natur vorgefunden. Sie gehören, wie auch *B.* × *flava*, die sich schon sehr lange in gärtnerischer Kultur befindet, zu den Naturhybriden.

Trotzdem kann eine gewisse Beteiligung des Menschen an der Entstehung dieser Hybridformen nicht verleugnet werden – war er es doch, der durch die Verbreitung der Elternpflanzen geographische Barrieren überwand und damit die Voraussetzung für eine Hybridbildung schuf.

Ob Hybriden von *B. aurea* × *B. suaveolens* in der Natur vorkommen, ist leider nicht bekannt; daß diese Kombinationsmöglichkeit aber besteht, haben in der Vergangenheit zahlreiche Zuchterfolge bewiesen. Dasselbe trifft auch für alle Mehrfachhybriden (*B. aurea* × *B. suaveolens* × *B. versicolor*) zu.

## Brugmansia × candida Persoon

1799 erschien in der „Flora Peruviana" von Ruíz und Pavon die Abbildung einer Brugmansie, die dort irrtümlich als *Datura arborea* bezeichnet wurde. Diese Abbildung und die dazugehörige Pflanzenbeschreibung bildeten die Grundlage für die 1805 von C.H. Persoon beschriebene *Brugmansia candida*.

Lange Zeit wurden diese Pflanzen als eigenständige Art gedeutet, ehe 1973 T.E. Lockwood ihren Hybridcharakter (*B.* × *candida*) erkannte und durch Versuche nachwies. In freier Natur kommt *B.* × *candida* nur an den westlichen und östlichen Hängen der ecuadorianischen Anden in Höhen von 1000–1500 m vor. Dorthin wurden beide Elternpflanzen – *B. aurea* und *B. versicolor* – erst durch den Menschen eingeführt und angesiedelt. Aus vermutlich spontanen Kreuzungen zwischen beiden Arten ergaben sich unter anderem Pflanzen, die genau den von Persoon unter dem Namen *B. candida* beschriebenen Pflanzen entsprachen. Die danach in Kultur vorgenommenen Kreuzungsversuche zwischen *B. aurea* und *B. versicolor* bestätigten schließlich den Hybridcharakter von *B.* × *candida*.

Aufgrund ihres dekorativen Aussehens und ihrer Toleranz gegenüber den verschiedensten Umweltbedingungen – *B.* × *candida* wächst und blüht an Standorten

zwischen 0 und 2000 m Höhe – wurde diese Engelstrompete schon früh durch den Menschen weiterverbreitet. Heute findet man sie in Nordchile, Peru, Ecuador, Kolumbien, Zentralamerika, Mexiko und auf den Karibischen Inseln. B. × candida wurde aber auch als eine der ersten Brugmansien nach Afrika und Europa ausgeführt und ist dort mittlerweile als Kulturpflanze weit verbreitet.

Bezüglich Blütenform, Blütengröße und Blütenfarbe nimmt diese Engelstrompete eine Mittelstellung zwischen B. aurea und B. versicolor ein. Ihre stark duftenden Blüten werden zwischen 23 cm und 33 cm lang und zeigen im Gegensatz zu denen von B. versicolor außerhalb des Kelches keine oder nur eine sehr schwache Verengung der Kronröhre. Ihr Blütensaum ist stark erweitert, bauschend und endet in 2–6 cm langen, zurückgebogenen Saumspitzen. Die Blütenfarben dieser vorwiegend hängend wachsenden Engelstrompeten sind weiß (candida = schneeweiß), gelb bis apricotfarben und seltener auch rosa.

B. × candida blüht schubweise, aber im Vergleich zu B. versicolor sind die Unterschiede zwischen den verschiedenen Wachstumsphasen eher schwach ausgeprägt: Fast nie wird man diese Engelstrompete völlig blütenlos antreffen. Unter geeigneten Kulturbedingungen (ausreichende Lichtverhältnisse, guter Ernährungszustand und Temperaturen zwischen 12 und 18 °C) blühen die meisten B. × candida-Sorten auch während der Wintermonate. Sie sind – neben den verschiedenen B. suaveolens-Sorten – die blühstärksten und blühsichersten Brug-

Aus der Kreuzung B. versicolor × B. aurea entstand diese B. × candida.

mansien, die sich auch durch ungünstige Wetterbedingungen nicht vom Blühen abhalten lassen.

Der Kelch von *B. × candida* ähnelt dem von *B. versicolor*; er ist einseitig geschlitzt und die gegenüberliegende Spitze kann hornartig abstehen oder aber weiter gespalten sein. Meist umhüllt er eher lose den verengten Teil der Blütenröhre, gelegentlich wirkt er schwach aufgeblasen. Seine Oberfläche ist glänzend, aber leicht behaart und nach erfolgter Befruchtung haftet er noch lange an der sich entwickelnden Frucht.

Verbindliche Angaben über Form und Länge der samtig behaarten Früchte sind nicht möglich, da alle Variationen zwischen den länglichen Früchten von *B. versicolor* und den eiförmigen von *B. aurea* auftreten können. Wie diese verwittern auch sie noch am Baum, bevor nach der Zerstörung der Außenhaut der Samen frei werden kann.

Die oval bis elliptisch geformten Blätter dieser Engelstrompete sind ganzrandig oder gezahnt und weisen eine schwache Behaarung auf.

Eine Besonderheit, die zuerst bei *B. × candida* beobachtet wurde, ist das Auftreten von gefüllt blühenden Typen. Ihre Blütenkronen bestehen aus mindestens zwei ineinanderliegenden Kronen, wobei die innere oft stark gefaltet, teilweise unvollständig ausgebildet und an einer Seite bis zur Basis geschlitzt sein kann. Ein Beispiel für diesen gefüllt blühenden Typ ist die in Kultur weit verbreitete cremeweiß blühende Form *plena*, deren etwa 25 cm lange Blüten durch die doppelt ausgebildeten Kronen in ihrem Mittelteil etwas aufgeblasen erscheinen.

Da es sich bei *B. × candida* um eine Hybridform zwischen *B. aurea* und *B. versicolor* handelt, kann die Persoon'sche Beschreibung der Originalpflanze nur im günstigsten Fall auf eine zu bestimmende Sorte von *B. × candida* zutreffen. Denkbar sind hier alle Variationsmöglichkeiten zwischen beiden Elternpflanzen. Weitere Probleme bei der Bestimmung schafft die Tatsache, daß *B. × candida* sich besonders leicht mit *B. aurea* und *B. versicolor* rückkreuzen läßt. Dadurch können Pflanzentypen entstehen, die sich oft nur minimal von der reinen Elternart unterscheiden – nicht selten fällt diese Abweichung noch in die natürliche Variationsbreite der Wildart. Eine exakte Bestimmung solch einer Pflanze ist dann nicht mehr möglich. Als Beispiele sollen hier nur die bei *B. aurea* (Seite 32) angeführten Indianerformen 'Biangan', 'Quinde' oder 'Ocre' genannt werden, die sowohl typische Merkmale von *B. × candida* wie auch von *B. aurea* aufweisen und deshalb in Kultur auch unter beiden Bezeichnungen zu finden sind.

# Brugmansia × flava
Herklotz ex Preissel

Eine der ersten in Europa gärtnerisch kultivierten Brugmansien war die heute unter dem Namen *B. × flava* bekannte Engelstrompete. Wer sie ursprünglich entdeckte bzw. züchtete, ist leider nicht bekannt.

Da diese Pflanze lange Zeit oft die einzige im Fachhandel zu beziehende Brugmansie war, genügte der Name „Engelstrompete" oder „Datura", um sie gegenüber anderen Pflanzen abzugrenzen. Erst die zunehmende Beliebtheit von Engelstrompeten bei den Pflanzenliebhabern führte zu einer stärkeren Verbreitung der verschiedensten Brugmansien-Arten und damit zu der Notwendigkeit, auch diese spezielle Form namentlich zu kennzeichnen. Anfang der

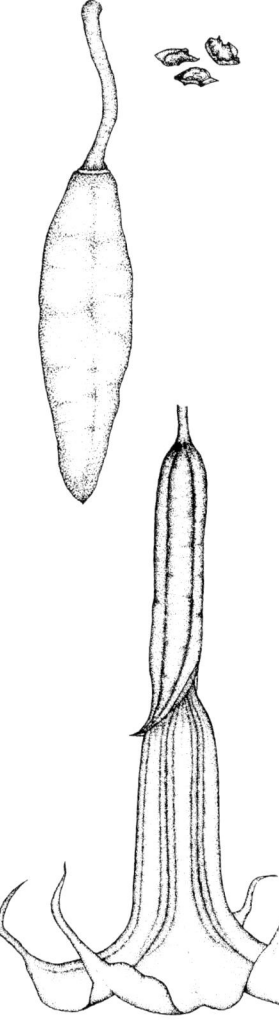

*Brugmansia × candida*, Frucht, Samen und Blüte.

70er Jahre wurde diese Pflanze in den Herrenhäuser Gärten von A. Herklotz erstmals als *B. × flava* bezeichnet, um damit auch den Hybridcharakter dieser Form zu verdeutlichen. Durch seinen frühzeitigen Tod hat A. Herklotz den Sammelnamen *B. × flava* nicht mehr veröffentlicht. Damit der Name Gültigkeit erhält, wurde er 1991 in der ersten Auflage dieses Buches entsprechend den Regeln der botanischen Nomenklatur publiziert.

Kaum eine andere Engelstrompete weist durch das Auftreten arttypischer Merkmale so deutlich auf beide Elternteile hin, wie *B. × flava*. Nur *B. arborea* hat behaarte Griffel; die von *B. × flava* sind schwach behaart. Nur *B. sanguinea* hat eine röhrenförmige Blütenkrone; die Blüten von *B. × flava* sind deutlich röhrenförmig. Die 21–30 cm langen, nahezu geruchlosen Blüten befinden sich immer in schräg geneigter Stellung am Zweig. Der verengte Teil der Blütenkrone wird vollständig von dem einseitig geschlitzten Kelch bedeckt; der daran anschließende, röhrenförmige Abschnitt endet in 2–4 cm langen, zurückgerollten Saumspitzen.

Die gelbgrünen, behaarten Blütenadern treten bei *B. × flava*, wie sonst nur bei *B. sanguinea*, stark hervor und erhöhen so die Stabilität der Kronen erheblich. Damit läßt sich auch die relativ lange Haltbarkeit der Einzelblüten erklären, die etwas über den geringeren Blütenansatz während heißer Sommermonate hinwegtröstet. Auch diese Eigenschaft wurde – wenn auch in abgeschwächter Form – von *B. sanguinea* vererbt, bei der in noch stärkerem Maße hohe Temperaturen die Blütenentwicklung erschweren. Mit großer Sicherheit blüht *B. × flava* am Anfang und gegen Ende jeder sommerlichen Vegetationsperiode – in kühleren Sommermonaten auch während dieser Zeitspanne.

*B. × flava* zwischen ihren Elternarten *B. sanguinea* (links) und *B. arborea* (rechts).

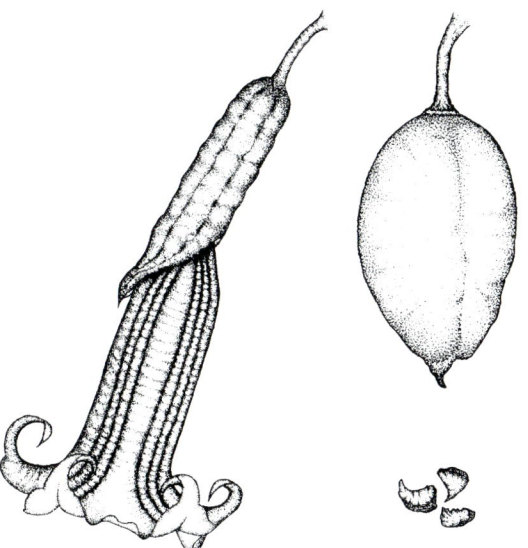

*Brugmansia × flava*, Blüte, Frucht und Samen.

Als Blütenfarben waren, wie der Name (flava = gelb) bereits vermuten läßt, anfangs ausschließlich Gelbtöne bekannt. In letzter Zeit ist es jedoch gelungen, von den Elternarten weitere Farben zu übertragen, so Weiß, Rosa, Orange und Rot. Daneben entstanden Pflanzen mit intensiv violetten Blütenfarben, die bislang im Engelstrompetensortiment noch nicht vertreten waren. Wie bei dem Elternteil *B. sanguinea* gibt es *B. × flava* in einfarbi-

Links:
Dreifarbige Form von *Brugmansia × flava*.
Rechts:
Knollenartige Verdickung im Wurzelbereich von *B. × flava*.

gen und mehrfarbigen Kombinationen (Basis grün, Mitte gelb, Mündung rot).

Ob es früher bereits ähnliche Pflanzen gab, wird heute wohl nicht mehr mit letzter Sicherheit zu klären sein. Einen rotblühenden Pflanzentyp, wenn auch mit viel kleineren Blüten (Blütenlänge 13–14 cm) beschrieb bereits 1921 W. E. SAFFORD als *Datura rubella* (siehe Seite 58). Aufgrund der starken Größenunterschiede von Blüte, Blatt und Frucht sowie des unterschiedlichen Größenverhältnisses von Kelch zu Krone zwischen *B. × flava* und *Datura rubella* scheint es jedoch nicht ratsam, in beiden Formen den gleichen Pflanzentyp zu sehen.

Der Kelch von *B. × flava* ist samtartig behaart und an einer Seite tief eingeschnitten. Die dem Einschnitt gegenüberliegende Spitze kann hornartig abstehen oder aber in kleinere „Zähne" aufgespalten sein. Oft wirkt der Kelch duch die hervortretenden Adern leicht aufgeblasen – nie umhüllt er die Blütenkrone so dicht wie bei *B. arborea*. Auch seine Länge ist im Vergleich zur Gesamtblütenlänge immer deutlich kürzer als bei *B. arborea*.

Die eiförmig bis lanzettlich geformten Blätter sind ebenfalls samtig behaart – ihre Blattränder sind deutlich gezahnt.

Die länglichen, hellgrün bis gelblich gefärbten Früchte sind ca. 9–11 cm lang und weisen einen Durchmesser von über 5 cm auf. Wie sonst nur bei *B. sanguinea* und *B. vulcanicola* bekannt, benötigen auch die Früchte von *B. × flava* die relativ lange Zeitspanne von 8–9 Monaten, bis der abgeflachte, 14 × 10 mm große Samen ausgereift ist.

Auch bezüglich ihrer Wuchsform ähnelt *B. × flava* eher *B. sanguinea*; wie bei dieser erfolgt durch eine früh einsetzende Verzweigung der Aufbau eines Busches mit dichter, oft bis unten geschlossener Belaubung. Dadurch wirken die Pflanzen auch ohne Blüten dekorativ. Da Stecklinge von *B. × flava* schon als kleine Pflanzen gut blühen, eignen sie sich besonders gut für Plätze mit wenig Stellfläche.

Häufig kann man bei *B. × flava* im Wurzelbereich eigentümliche knollenartige Gebilde beobachten. Diese Erscheinungen kommen auch – allerdings äußerst selten – bei *B. sanguinea* vor; bei *B. arborea* konnten wir sie noch nicht feststellen. Die knolligen Verdickungen entstehen nicht nur bei Sämlingen, sondern auch bei Stecklingspflanzen. Bei letzteren geschieht das in der Regel auf Kosten der Wurzelbildung, so daß es längere Zeit dauert, ehe sich ein dichtes Wurzelsystem bildet. Die knolligen Verdickungen haben offenbar – wie die Wurzeln – die Fähigkeit, Wasser und Nährstoffe direkt aus dem Substrat aufzunehmen.

Es ist bislang ungeklärt, welche morphologische Struktur die knollenartigen Gebilde haben, warum sie bei der Hybride *B.* × *flava* auftreten und welche Funktion sie für die Pflanze haben. Möglicherweise sind es Überdauerungs- und Vermehrungsorgane – ähnlich denen von *Datura inoxia* oder *D. wrightii*. Für diese Erklärung spricht beispielsweise, daß an ihnen regelmäßig Adventivsprosse entstehen.

Andererseits bedarf es zur Bildung bodenbürtiger Sprosse nicht der auffälligen knollenartigen Gebilde. Sowohl *B.* × *flava* als auch *B. sanguinea* haben die Fähigkeit, aus ihren Wurzeln neue Vegetationspunkte zu bilden. Diese sonst nur selten zu beobachtende Eigenschaft gestattet es, daß nach einer vollständigen Rodung aus den im Boden verbliebenen Wurzeln sich zahlreiche neue Bodentriebe entwickeln.

## Brugmansia × insignis (Rodrigues) Lockwood
**und andere Hybriden von B. suaveolens × B. versicolor**

1891 beschrieb B. Rodrigues eine in Peru am oberen Amazonaslauf entdeckte Pflanze als *Datura insignis*. Zwar fiel schon damals ihre große Ähnlichkeit mit *B. suaveolens* auf, aber erst 1973 veröffentlichte T. E. Lockwood den exakten Kreuzungsablauf für die Entstehung dieses Pflanzentyps.

Im Gegensatz zu der Wildform *B. suaveolens* wies der neue Pflanzentyp größere

Blütenkronen und längere, gebogene Saumspitzen auf – dementsprechend konnte hier als Kreuzungspartner *B. versicolor* vermutet werden. Die aus einer Kreuzung von *B. suaveolens* × *B. versicolor* entstandenen Hybriden ähnelten in ihrem Aussehen jedoch mehr *B. versicolor*. Erst eine Rückkreuzung dieser Hybridform mit *B. suaveolens* ergab den gesuchten Pflanzentyp, der als Naturhybride korrekterweise als *B.* × *insignis* bezeichnet wurde.

In freier Natur kommt *B.* × *insignis* auch in ihrer südamerikanischen Heimat nur sehr selten vor. Als wärmebedürftigste aller Brugmansien wächst sie in den tiefergelegenen, wärmeren Zonen der peruanischen Anden. In Kultur ist diese Engelstrompete dagegen weit verbreitet, so findet man sie außer in Südamerika auch in Mittelamerika, Mexiko, Afrika und Europa.

Ihre 25–40 cm langen, duftenden Blüten sind an dem basalen Abschnitt zu einer dünnen, langen Röhre verengt, die auch außerhalb des Kelches deutlich sichtbar wird. Der daran anschließende trichterförmige Teil der Blütenkrone mündet in den 3–6 cm langen, oft spiralig gedrehten Saumspitzen. Diese sind auf-

*B.* × *insignis* (Mitte) weist größere Ähnlichkeit mit *B. suaveolens* (links) als mit *B. versicolor* (rechts) auf.

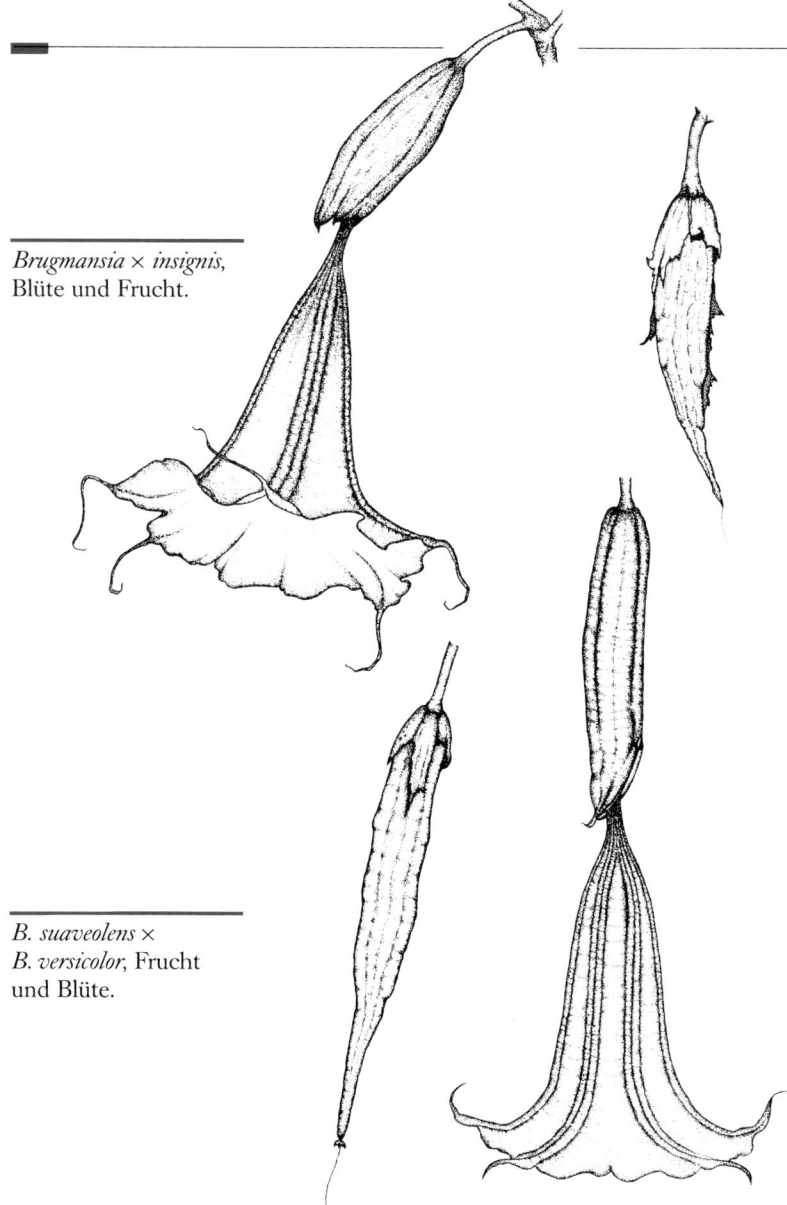

*Brugmansia* × *insignis*, Blüte und Frucht.

*B. suaveolens* × *B. versicolor*, Frucht und Blüte.

grund ihrer Länge und Form das sicherste Unterscheidungsmerkmal zu *B. suaveolens*, deren Saumspitzen nur 1–2,5 cm lang werden und sich leicht nach außen biegen. Der Blütensaum von *B.* × *insignis* ist nur schwach zurückgebogen; der Saumumfang ist im Vergleich zu etwa gleichgroßen Pflanzen von *B. suaveolens* immer größer. Dadurch und durch die dünnwandige Beschaffenheit der Kronen zeigen sich die Blüten selten vollständig geöffnet. Oft entsteht so der Eindruck von etwas schlaff hängenden, leicht zusammengefalteten Blütenkronen. Als Blütenfarben sind Weiß, Creme und die verschiedensten Rosaschattierungen weit verbreitet.

Wie viele Hybriden von *B. suaveolens* zeigt auch *B.* × *insignis* eine Tendenz zu verklebten Staubbeuteln. Leider lassen sich in diesem Fall keinerlei verbindliche Angaben über den Grad der Verklebung machen; sie können je nach Sorte frei, schwach verklebt oder vollständig verklebt vorkommen und sind somit kein Erkennungsmerkmal für diesen Pflanzentyp.

*B.* × *insignis* blüht, wie die meisten Brugmansien, schubweise; allerdings ist auch hier der Unterschied zwischen den verschiedenen Wachstumsphasen eher gering ausgeprägt. Zu berücksichtigen ist bei dieser Engelstrompete aber ihr großes Wärmebedürfnis: Während sie in ihrer südamerikanischen Heimat ihren Namen *B.* × *insignis* (insignis = auffallend schön) zu Recht führt, zeigt sie bei uns nur in besonders warmen Sommern ihre volle Blütenpracht.

Der 14–16 cm lange Kelch ähnelt dem von *B. suaveolens*; er ist 2- bis 5fach gezahnt, durch die stark hervortretenden Kelchadern geformt und liegt nie eng um die Blütenkrone an. Die länglichen, schmalen, elliptisch geformten Blätter sind ganzrandig und immer glänzend. Die Früchte, die ausschließlich durch künstliche Befruchtung in Kultur bekannt sind, sind länglich, stark gerieft und ähneln in Form und Größe denen von *B. suaveolens*.

Die wenigen Standorte wildwachsender *B.* × *insignis* und der seltene Fruchtansatz in freier Natur lassen die Gefahr des Aussterbens für solch einen Pflanzentyp deutlich erkennen. Vieles spricht dafür, daß *B.* × *insignis* ihr Überleben ausschließlich ihrem großen Zierwert verdankt, der den Menschen dazu veranlaßte, diesen Pflanzentyp in Kultur ständig weiterzuvermehren.

*B.* × *insignis* ist sicher das bekannteste Beispiel für eine Hybridbildung zwischen *B. suaveolens* und *B. versicolor*. Außer dieser speziellen Form existieren jedoch auch andere Hybriden.

Auf den ersten Blick ähneln viele davon der Wildart *B. versicolor* und werden dementsprechend häufig mit diesen verwechselt. Ihre Blüten sind vollkommen hängend, oft sehr groß und die Verengung der Kronröhre außerhalb des Kelches ist größtenteils gut sichtbar. Bei genauerem Hinsehen entdeckt man jedoch, daß die Blütenkrone eher eine Mischung zwischen Trompeten- und Trichterform darstellt und die Saumspitzen oft auffallend kurz bzw. selten zurückgerollt sind. Der Kelch dieser Hybriden ist meist einseitig tief geschlitzt, die dem Einschnitt gegenüberliegende Spitze spaltet sich jedoch in weitere „Zähne".

Bei manchen dieser Hybridformen findet man die Staubbeutel noch schwach verklebt vor – ein sicherer Beweis für die Beteiligung von *B. suaveolens* an dieser Kreuzung. Leider ist die Anzahl von Hybriden aus *B. suaveolens* × *B. versicolor* mit unverklebten Staubbeuteln mindestens so groß.

So problematisch sich die exakte Bestimmung dieser Hybriden gestaltet, so problemlos verläuft ihre Kultur. Ein Großteil dieser Pflanzen blüht während der gesamten Sommermonate, auch bei ungünstiger Witterung, in ständig wiederkehrenden Blühschüben. Damit stellt dieser Pflanzentyp gegenüber der Wildart *B. versicolor*, bezüglich der Blühhäufigkeit, eine sichtbare Verbesserung dar.

Beispielhaft für diese Hybridform ist die wunderschöne, aus Kolumbien stammende 'Glockenfontäne' mit ihren über 40 cm langen, hellrosa Blüten.

## Hybriden aus Brugmansia aurea × Brugmansia suaveolens

Hybriden aus *B. aurea* × *B. suaveolens* sind in erster Linie aus der gärtnerischen Kultur bekannt. Für eine natürliche Verbreitung dieser äußerst dekorativen Engelstrompete im südamerikanischen Raum liegen keinerlei Hinweise vor.

Daß sich diese Kreuzung aber mit Erfolg durchführen läßt, bewies erstmals 1949 P. C. Joshi, dem damals eine solche Hybridform jedoch nur gelang, wenn *B. suaveolens* als Mutterpflanze diente.

Die Blüten der Hybriden aus *B. aurea* × *B. suaveolens* ähneln auffallend denen von *B. suaveolens*. Wie bei diesen ist die Form der Blütenkrone trichterförmig, die Blütenlänge variiert zwischen 22 cm und 36 cm und als Blütenfarbe tritt bevorzugt Weiß auf. Berücksichtigt man dann noch die mehr oder minder stark verklebten Staubbeutel, versteht man, warum so viele Pflanzen dieser Hybridform unter der Bezeichnung *B. suaveolens* zu finden sind.

Dabei ist die Identifizierung einer Hybride aus *B. aurea* × *B. suaveolens* nicht sonderlich schwierig. Fast immer haben diese Pflanzen lange (2–8 cm), oft spiralig gedrehte Saumspitzen und vom röhrenförmig verengten Teil der Blütenkrone ist – wenn überhaupt – außerhalb des Kelches nur ein kurzer Teil sichtbar. Die Beschaffenheit der Kronenwand ist deutlich stabiler als bei *B. suaveolens*; diese Eigenschaft verbessert die Haltbarkeit der Einzelblüte beträchtlich.

Nach erfolgter Befruchtung fällt der Kelch meist ab, gelegentlich umhüllen seine vertrockneten Reste die länglich ovale Frucht.

Die Blätter vieler *B. aurea* × *B. suaveolens*-Hybriden gleichen denen von *B. au-*

*Brugmansia aurea × B. suaveolens*, Blüte und Frucht.

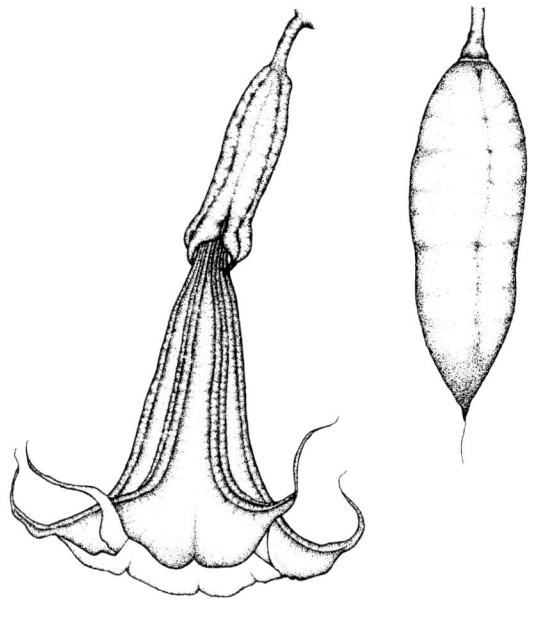

Rechte Seite: Hybriden aus *B. aurea × B. suaveolens* haben meist nickende Blüten mit langen Saumzipfeln.

rea: Bei guter Düngung und ausreichender Bewässerung erreichen auch sie im Sommer eine Länge bis zu 70 cm.

Aufgrund der vielen guten Eigenschaften ist diese Hybridform eine sehr empfehlenswerte Engelstrompete. Sie blüht sowohl während der Sommer-, wie auch während der Wintermonate reich und beständig, auch wenn die Bedingungen für ihr Wachstum nicht immer optimal gestaltet werden können. Häufig werden die dekorativen Blüten von den leider sehr groß werdenden Blättern verdeckt. Um die Blütenpracht ungestört zu genießen, dürfen bei dieser wüchsigen Hybridform alle störenden Blätter herausgebrochen werden.

Stecklinge von *B. aurea × B. suaveolens*, aus dem Blühbereich entnommen, blühen bereits als kleine Pflanzen von etwa 50 cm Länge, das entspricht etwa einem Zeitraum von 3 bis 4 Monaten nach der Bewurzelung. Aufgrund ihres starken Wachstums entwickeln sich die Jungpflanzen jedoch schnell zu imposanten Büschen mit entsprechendem Platzbedarf. Am wirkungsvollsten zeigen sie ihr dekoratives Aussehen als Solitärpflanzen auf genügend großer Stellfläche.

## Hybriden aus Brugmansia aurea × B. suaveolens × B. versicolor

Eine der auffälligsten Eigenschaften vieler Hybriden ist, daß sie bereitwillig den Pollen artverträglicher Engelstrompeten annehmen und leicht Früchte ansetzen. Damit sind sie zur Züchtung neuer Sorten bestens geeignet. Die Möglichkeit, eine größere Zahl von Artmerkmalen miteinander zu kombinieren, ist für Züchter immer verlockend. So dauerte es auch nicht lange, bis die ersten Kreuzungen entstanden, die das Erbgut von drei verschiedenen Arten in sich trugen. Zum besseren Verständnis zwei Beispiele: Wenn man *B. × candida* (eine Hybride aus *B. aurea × B. versicolor*) mit *B. suaveolens* kreuzt oder *B. × insignis* (die Kreuzung *B. suaveolens × B. versicolor × B. suaveolens*) mit *B. aurea*, so entsteht jeweils eine Mehrfachhybride, die das Erbmaterial von drei verschiedenen Arten in sich trägt.

So traumhaft schön viele dieser Züchtungen aussehen, so schwer, ja beinahe unmöglich ist ihre exakte Bestimmung. Hier versagt leider auch der Bestimmungsschlüssel auf Seite 25. Die Vielfalt, die sich durch die Kombination der verschiedenen Artmerkmale ergibt, ist einfach zu groß. Der Brugmansienfreund möge sich deshalb mit gutem Gewissen an seiner unbestimmbaren Engelstrompete erfreuen, die die Blütenlänge einer *B. versicolor*, die Blütenkronenform einer *B. suaveolens* und die Saumzipfel einer *B. aurea* besitzt – so wie etwa die *Brugmansia*-Hybride 'Charles Grimaldi'.

# Gibt es weitere Arten?

So mancher Brugmansienfreund mag in den vorangegangenen Kapiteln seine Engelstrompete vergeblich gesucht haben. Vielleicht trägt sie ein Etikett mit der Bezeichnung *Brugmansia mollis, B. rosei* oder *B. dolichocarpa*.

Was verbirgt sich hinter diesen Namen?

Um die Problematik der botanisch gültigen Namen besser zu verstehen, muß kurz auf den Vorgang einer Artbenennung eingegangen werden. Von Bedeutung sind hierbei vier wichtige Schritte:
1. Wahl eines lateinischen Namens für die betreffende Pflanze.
2. Beschreibung ihrer charakteristischen Merkmale, die zur Identifizierung dieser Pflanzenart führen.
3. Hinterlegung des Pflanzentyps (Blüte, Blatt, Frucht usw.) in konservierter Form in einem öffentlichen Herbarium mit genauen Angaben über Fundort und geographische Verbreitung (Holotyp).
4. Veröffentlichung aller Angaben (Name, lat. Diagnose, Hinterlegungsort usw.) in einer Fachzeitschrift oder einem Buch.

Bei nachträglich vorgenommenen Korrekturen wird der Erstbeschreiber in Klammern vor den gültigen Autor gesetzt.

Beispiel: 1753 bestimmte Linné eine Pflanze als *Datura arborea*; ihre genaue Bezeichnung lautete also: *D. arborea* Linné. 1895 ordnete Lagerheim sie in die Gattung *Brugmansia* ein. Danach lautete die korrekte Bezeichnung: *B. arborea* (Linné) Lagerheim.

Entscheidend ist das Datum der Erstveröffentlichung des jeweils gültigen Namens. Sollte der gleiche Pflanzentyp aus Unwissenheit oder Nichtbeachtung dieser Publikation zu einem späteren Zeitpunkt unter anderem Namen noch einmal beschrieben werden, ist der spätere Name immer ungültig. Er wird dann als Synonym des gültigen Namens bezeichnet: Beispiel: *B. bicolor* ist ein Synonym für *B. sanguinea*, da die Erstbeschreibung dieser Pflanze als *B. sanguinea* bereits fünf Jahre früher erfolgte.

Eine große Gefahr für Doppelbenennungen ist bei all jenen Gattungen gegeben, deren Arten, wie bei Brugmansien, eine große Variationsbreite der Merkmale innerhalb einer Art aufweisen. Wer weiß hier schon mit letzter Sicherheit, wo die Variationsbreite innerhalb der Art ausgeschöpft ist und eine neue Art beginnt? Aus diesem Grund entstanden die Namen *B. mollis* und *B. rosei*; beides sind Bezeichnungen für Pflanzentypen, die sich nach der heute gültigen Einteilung innerhalb der Variationsbreite bereits früher beschriebener Arten befinden.

Soweit möglich, wird bei den nun folgenden Namen die Originalbeschreibung (vgl. Punkt 4) auszugsweise zitiert; oft findet man heute nämlich unter diesen Bezeichnungen gänzlich verschiedene Typen vor, die mit der ursprünglich beschriebenen Originalpflanze (Holotyp) nichts mehr gemeinsam haben.

---

Rechte Seite:
Am Naturstandort wachsen Engelstrompeten häufig am Rand von landwirtschaftlich genutzten Flächen, wie diese *B. sanguinea* bei La Bonita, Ekuador (Aufn. A. Holguin).

Eine ganz andere Problematik ergibt sich aus der Tatsache, daß bei einigen bereits im letzten Jahrhundert bestimmten Brugmansien der Holotyp vernichtet wurde. Nur aufgrund der oft lückenhaften Beschreibungen lassen sich so manche dieser Pflanzentypen heute nicht mehr eindeutig identifizieren (zum Beispiel *B. dolichocarpa*). Aus diesem Grund sollte man besser auf eine Verwendung dieser Namen bei den heute vorhandenen Pflanzentypen verzichten.

**Datura affinis** Safford, 1921
Ungültige Bezeichnung für *Brugmansia aurea*.

Lagerheim glaubte, in der weißblühenden *B. aurea* die 1753 beschriebene *B. arborea* wiederzuerkennen und veröffentlichte dies 1895. Safford bemerkte den Irrtum und beschrieb die weißblühende *B. aurea* aufgrund ihrer Ähnlichkeit mit der gelbblühenden *B. aurea* als *Datura affinis* (affinis = ähnlich, verwandt).

**Brugmansia bicolor** Persoon, 1805
Ungültige Bezeichnung für *Brugmansia sanguinea*.

Erstbeschreibung dieser Art unter dem Namen *Datura sanguinea* erfolgte bereits 1799 durch Ruíz & Pavon.

**Datura chlorantha flore pleno** Hooker, 1859
Originalbeschreibung
Wuchsform: baumartig
Blatt: lanzett- bis eiförmig (ähnlich dem von *B. arborea*), glänzend
Blüte: hängend, gelb, gefüllt (doppelte Ausbildung der Krone)
Saumspitzen: zurückgebogen
Kelch: 5fach gezahnt.

Hooker beschrieb seine *D. chlorantha*, die er 1845 in einem Garten in England entdeckte, als baumartig und ordnete sie deshalb der Sektion *Brugmansia* zu.

Vermutlich handelt es sich bei dieser gelb gefülltblühenden Engelstrompete um eine Kulturform von *B.* × *candida*. Inwieweit diese Form heute noch in Kultur ist, ist leider nicht bekannt.

Probleme ergaben sich erstmals, als 1894 eine gefüllt blühende, gelbe *D. metel* ebenfalls unter dem Namen *D. chlorantha* beschrieben wurde. Dieser Umstand führte in der Vergangenheit zu Mißverständnissen, da die Kombination der 1859 erfolgten Beschreibung mit der 1894 beschriebenen Pflanze einige Verwirrung auslöste.

**Datura cornigera** Hooker, 1846
Ungültige Bezeichnung für *Brugmansia arborea*.

Die Zeichnung, die 1753 zur Erstbeschreibung von *B. arborea* führte, zeigt eine äußerst selten auftretende Variante des Kelches mit gespaltener Spitze. Als 1846 Hooker die normalerweise auftretende Form mit hornartig abstehender Kelchspitze beschrieb, glaubte er eine neue Art zu bestimmen und gab ihr den Namen *D. cornigera* (cornigera = horntragend).

**Brugmansia dolichocarpa** Lagerheim, 1895
Originalbeschreibung
Wuchsform: baum- oder strauchartig
Blatt: lanzett- bis eiförmig, unbehaart
Blüte: weiß, 34–35 cm lang, oberer Teil der Krone zu einer Röhre verengt, behaarte Adern
Blütensaum: erweitert
Saumspitzen: 4,5–5 cm lang, dazwischen liegender Teil gerundet
Kelch: 11–13 cm lang, 2–5fach gezahnt, glatt
Frucht: behaart, zylindrisch bis spindelförmig, 29–31 cm
Samen: abgeflacht, isabellfarbig (bräunlichgelb).

Lagerheim schrieb über seine *B. dolichocarpa*, sie sei eng verwandt mit *B. suaveolens* und *B. versicolor*. Typisch seien die lange, spulenförmige Frucht (dolichocarpa = langfrüchtig), die freien Staubbeutel, die langen Saumspitzen und der Samen.

Vermutlich handelt es sich bei *B. dolichocarpa* um eine B.-Versicolor-Hybride. Da die meisten Hybriden aus *B. suaveolens* × *B. versicolor* kurze Saumspitzen aufweisen, wäre eventuell eine Rückkreuzung mit *B. versicolor* denkbar. Eine genauere Identifizierung von *B. dolichocarpa* ist nicht mehr möglich, da außer der Beschreibung nur eine Photographie des ursprünglich zur Bestimmung genutzten Herbarmaterials vorliegt. Der Holotyp selbst wurde während des Krieges in Berlin zerstört.

**Datura frutescens**
Hort. Siebert & Voss, 1895
Ungültiger Name für *Brugmansia arborea*.

**Datura gardneri** Hooker, 1846
Ungültige Bezeichnung für *Brugmansia suaveolens*.

Die Erstbeschreibung dieser Art unter dem Namen *Datura suaveolens* erfolgte bereits 1809 durch Willdenow.

**Datura knightii**
Siebert & Voss, 1895
Ungültiger Name für *Brugmansia arborea*.

**Brugmansia longifolia**
Lagerheim, 1895
Originalbeschreibung
Wuchsform: Strauch, 2–3 m hoch
Blatt: lang, Rand buchtig ausgeschweift
Blüte: weiß, 27–30 cm lang, oberer Teil der Krone zu einer Röhre verengt
Blütensaum: wenig nach außen gebogen
Saumspitzen: 4 cm lang, nach innen gekrümmt
Kelch: 10–12 cm lang, 2- bis 5fach gezahnt
Frucht: kein Fruchtansatz beobachtet.

Lagerheim verweist besonders auf die langen, schmalen und buchtigen Blätter (longifolius = langblättrig); leider liegen hierfür keine genauen Längenangaben vor. Vermutlich ähneln die Blätter von *B. longifolia* denen von *B. aurea* 'Culebra' oder *B.* × *insignis*. Für letztere sprechen die auf der Photographie des Holotyps erkennbare Trichterform der Blütenkrone und der stark verengte basale Teil der Kronröhre außerhalb des Kelches. Wichtig ist auch Lagerheims Hinweis auf das völlige Fehlen von Früchten – eine Eigenschaft, die sonst nur für wildwachsende *B.* × *insignis* zutrifft.

Leider muß es auch bei *B. longifolia* bei der Vermutung bleiben, daß hier ein *B.* × *insignis* ähnlicher Typ beschrieben wurde. Wie bei *B. dolichocarpa* wurde das Herbarmaterial, das zur Bestimmung diente, während des Krieges vernichtet.

**Brugmansia lutea**
Hort. ex Gard. Chron., 1888
Ungültiger Name für *B. sanguinea*.

**Datura mollis** Safford, 1921
Ungültiger Name für *B. versicolor*.
Originalbeschreibung
Wuchsform: Busch oder kleiner Baum
Blatt: behaart, länglich oval, teilweise gezahnt, 22 cm lang, 10,5 cm breit
Blüte: 25–26 cm lang, helles Pink (Rosa), obere Kronenhälfte stark verengt, zum Saum hin erweitert, behaarte Adern
Saumspitzen: 6–7 cm lang, gebogen
Kelch: einseitig geschlitzt, 19–20 cm lang, behaart.

1921 beschrieb Safford anhand von Herbarmaterial eine von J. N. Rose gesammelte Pflanze. Der Fundort dieser als *Datura mollis* bezeichneten Form befand sich im südlichen Abschnitt der natürlichen Heimat von *Brugmansia versicolor* (Gebiet um Portovelo, Ecuador). Da dort der vorherrschende Bestand dieser Pflanzenart – nach Angaben von Lockwood – als stark behaart und relativ kleinblütig beschrieben wird (siehe Seite 39), entspricht die Beschreibung von *D. mollis* (mollis = weichhaarig) wahrscheinlich der einer rosafarbenen und behaarten Form von *B. versicolor*.

**Datura pittieri** Safford, 1921
Ungültiger Name für *Brugmansia aurea*.
Originalbeschreibung
Blüte: 18 cm lang, trompetenförmig (keine Angaben über Farbe)
Saumspitzen: über 4 cm lang, gedreht
Kelch: einseitig geschlitzt, Spitze weiter gespalten
Frucht: 13 cm lang, 5,5 cm breit, länglich bis eiförmig.

Safford sah in den verschiedenen Typen von *B. aurea* (verschieden in Blütenfarbe, Anzahl der Kelchzähne) unterschiedliche Arten. Bei der Beschreibung seiner *D. pittieri* handelt es sich nach der heute gültigen Einteilung um *B. aurea*.

**Datura rosei** Safford, 1921
Ungültiger Name für *B. sanguinea*.
Originalbeschreibung
Blatt: starke Behaarung, gezahnt
Blüte: röhrenförmig, 15,5–18,5 cm lang, behaart, orange oder gelb, Adern grün
Saumspitzen: 1–1,5 cm
Kelch: 2- bis 5fach gezahnt, behaart
Frucht: eiförmig, behaart, 7 cm lang, 4,5 cm breit, bedeckt mit vertrockneten Kelchresten

Safford erhielt das Pflanzenmaterial für diese Erstbeschreibung von J. N. Rose, auf den sich der Artname *rosei* bezieht. Er selbst weist auf die große Ähnlichkeit zwischen *D. rosei* und *B. sanguinea* hin. Die Unterschiede zu der 1799 beschriebenen durchgehend roten Form von *B. sanguinea* befinden sich nach heute gültiger Einteilung alle innerhalb der natürlichen Variationsbreite dieser Art.

**Datura rubella** Safford, 1921
Originalbeschreibung
Wuchsform: 2,5–3 m hohe Büsche
Blatt: behaart, oval bis lanzettlich
Blüte: rot, 13–14 cm lang, sich nicht stark verbreiternd, behaarte Adern
Saumspitzen: 1,5 cm lang
Kelch: behaart, 10 cm lang, einseitig geschlitzt und die gegenüberliegende Spitze abstehend
Frucht: oval – zitronenförmig, 7 cm lang, 5 cm breit

Bleibt die Blütenfarbe dieser ausschließlich nach Herbarmaterial bestimmten Pflanze unberücksichtigt, glaubt man eine *B. arborea* vor sich zu haben. Daher vermutete Lockwood 1973 eine Kreuzung einer *B. arborea* mit einer roten *B. sanguinea*. Die heute weit verbreitete Kreuzung zwischen *B. arborea* und einer gelben *B. sanguinea* (*B. × flava*, siehe Seite 97) zeigt jedoch bezüglich ihrer Blüten- und Fruchtgröße stark abweichende Werte. Ebenfalls von Bedeutung sind die Größenrelationen von Kelchlänge zu Blütenlänge. Bei einer Kelchlänge von 11 cm messen Blüten von *B. × flava* etwa 21 cm; die Blütenlänge einer *D. rubella* bei gleichlangem Kelch beträgt dagegen nur 13–14 cm.

Über die genaue Blütenfarbe dieser als *D. rubella* (rubella = rötlich) bezeichneten Pflanze besteht Ungewißheit, da eine mögliche Farbveränderung des Herbarmaterials, nach dem die Bestimmung erfolgte, nicht auszuschließen ist. Der Pflanzensammler J. N. Rose hinterließ keine Angaben über die Blütenfarbe seiner bereits 1918 gesammelten Pflanze.

**Datura speciosa** Salisbury, 1796
Ungültige Bezeichnung für *B. arborea*.

# Die Engelstrompete als Kübelpflanze

Engelstrompeten finden in unseren Klimazonen vorwiegend als Kübelpflanzen Verwendung – denn, obwohl ihnen unsere sommerlichen Temperaturen sehr behagen, würden sie einen mitteleuropäischen Winter im Freien nicht überstehen. Für ihre optimale Entwicklung sollte man einige wichtige Punkte berücksichtigen.

## Pflanzkübel

Pflanzgefäße für Brugmansien sollten immer groß und breit gewählt werden. Einerseits lassen sich so zu große Schwankungen in der Wasser- und Nährstoffversorgung vermeiden, andererseits verbessert sich durch das große Erdvolumen die Standfestigkeit dieser oft stark belaubten und dadurch kopflastigen Pflanzen. Eine nicht zu flache Kiesschicht auf dem Kübelboden erhöht zusätzlich das Gewicht des Topfes und vermindert gleichzeitig die Gefahr von Staunässe, die selbst so wasserbedürftige Pflanzen wie Brugmansien absterben läßt.

Von größter Bedeutung ist deshalb auch ein ausreichender und ungehinderter Wasserabzug aus dem Pflanzgefäß. Zu diesem Zweck sollten sich am Boden des Kübels immer mehrere, genügend große Öffnungen befinden. Dabei ist darauf zu achten, daß diese keinesfalls durch zu kleine Übertöpfe zugestellt oder durch verklumpte Substratreste verstopft werden. Zu leicht kommt es sonst innerhalb des Gefäßes zu einem nicht mehr zu kontrollierenden Rückstau des Wassers, der die Erde versotten und die Wurzeln absterben läßt. Wie wichtig ein guter Wasserabzug ist, zeigt sich bei jedem starken Gewitterregen, der das Gefäß innerhalb weniger Minuten bis zum Rand hin füllen kann.

Ob man sich bei der Auswahl des Gefäßes für einen Kunststoff-, Eternit-, Holz- oder Tonkübel entscheidet, bleibt dem persönlichen Geschmack vorbehalten. Die unterschiedlichen Eigenschaften dieser verschiedenen Materialien sollen hier kurz beschrieben werden:

## Pflanzkübel aus Kunststoff

Alle Kunststoffgefäße weisen ein geringes Eigengewicht auf. Diese Eigenschaft, die beim Ein- und Ausräumen der Engelstrompeten hoch geschätzt wird, vermindert leider die Standfestigkeit des bepflanzten Topfes. Abhilfe schafft eine gute mechanische Bodenverankerung. Zusätzlich kann die Kiesschicht erhöht werden, so daß der bodennahe Teil des Kübels an Gewicht gewinnt.

Kunststoffgefäße haben glatte, wasserundurchlässige Wände, an denen sich weder Kalk- noch Düngerrückstände ablagern können. Ein Anhaften der feinen Wurzelhaare wird dadurch weitgehend verhindert und das Umtopfen gestaltet sich relativ mühelos.

Wichtig: Pflanzgefäße immer groß wählen.

## Pflanzkübel aus Eternit

Eternitgefäße sind aufgrund ihres höheren Eigengewichtes standfester als Kunststoffgefäße. Sie sind stoßunempfindlich und nahezu unzerbrechlich – zwei Eigenschaften, die sich besonders beim Ein- und Ausräumen der oft großen und daher schwer zu transportierenden Brugmansien bewährt haben.

## Pflanzkübel aus Holz

Von allen heimischen Hölzern ist nur Eichenholz zum Bau haltbarer Pflanzkübel geeignet. Ihre Haltbarkeit beschränkt sich auf durchschnittlich sechs bis neun Jahre. Das Ausbrennen der Kübelinnenwand, durch das eine dünne Holzkohleschicht entsteht, oder ein Anstrich mit Leinölfirnis oder Schiffsteer hilft mit, ihre Lebensdauer zu verlängern. Bei den im Fachhandel zu beziehenden Holzkübeln ist darauf zu achten, daß die Bodenplatten der Gefäße einen ausreichenden Abstand zum Erdboden aufweisen. Gegebenenfalls müssen sonst zusätzliche, untergeschobene Hölzer den ungehinderten Wasserabzug sichern.

## Pflanzkübel aus Ton und Terrakotta

Tontöpfe, vor allem solche mit steilen Seitenwänden, erweisen sich aufgrund ihres hohen Eigengewichtes als äußerst standfest, sind aber schwer zu transportieren. So wiegt ein bepflanzter, 40 cm hoher Tonkübel von 40 cm Durchmesser bereits um die 50 kg. Dieses hohe Gewicht und die Bruchgefahr, die leider alle Tongefäße auszeichnet, erschweren das Ein- und Ausräumen der darin kultivierten Engelstrompeten beträchtlich.

Rechte Seite:
*B.*-Aurea-Hybride 'Culebra' vor einem blaublühenden *Solanum rantonnetii*, Beschreibung Seite 32 und 77.

Unglasierte Terrakotten haben stark poröse Wandungen, durch die ein Teil des Gießwassers ständig verdunstet. Um dem hohen Wasserbedarf der Engelstrompeten gerecht zu werden, müssen deshalb in unbehandelten Tongefäßen gepflanzte Brugmansien häufiger und stärker gegossen werden. Mit dem Wasser wandern ein Teil der gelösten Nährsalze sowie eingelagerte Gipsausscheidungen des Tonmaterials an die Topfaußenwand und überziehen sie manchmal mit einem grauweißen, harten und unschönen Belag.

## Pflanzsubstrat

Engelstrompeten benötigen als Pflanzsubstrat Erde mit hoher Wasser- und Nährstoffspeicherkapazität. Die von der Industrie angebotenen Einheitserden und Torfkultursubstrate bestehen aus etwa 20% Tonmaterial und 80% Torf; sie eignen sich bevorzugt für Jungpflanzen, die in den ersten Jahren noch häufiger umgetopft werden.

Bei großen Engelstrompeten empfiehlt sich dagegen immer die Beimischung von rund einem Drittel lehmhaltiger Land- oder Gartenerde. Der höhere Lehmanteil verbessert außer der Speicherkapazität auch die Standfestigkeit der Pflanze im Topf. Gut bewährt für die Kultur der Brugmansien haben sich auch die im Fachhandel erhältlichen Erden mit Rindenanteil; aber auch ihnen sollte immer ein Drittel lehmhaltige Erde beigemischt werden.

Wichtig: Wasserabzug überprüfen.

## Umtopfen

Engelstrompeten sollten in der Regel jedes Jahr, spätestens aber nach zwei Jahren umgetopft werden. Zu diesem Zeitpunkt ist das Substrat dieser enorm nährstoffverbrauchenden Pflanzen bereits völlig ausgelaugt und von Wurzeln durchzogen.

Bevorzugter Termin für das Umtopfen ist die Zeit im Frühjahr beim Ausräumen aus dem Winterquartier. Die Wurzeln der ausgetopften Pflanze werden dabei auf Faulstellen und abgestorbene Teile hin untersucht, bröseliges und trockenes Altsubstrat wird entfernt. Kompakte und gesunde Wurzelballen sollten bei dieser Arbeit jedoch nicht auseinandergerissen werden; bei ihnen genügt es, eine vorhandene Algen- oder Moosschicht auf der Substratoberfläche vorsichtig zu entfernen.

In den neuen, meist größeren Kübel füllt man – je nach Topfgröße und Material – zuerst eine 5–10 cm hohe Schicht Dränagematerial. Soll ein Kunststoffkübel hierbei an Standfestigkeit gewinnen, wählt man am besten gröberen Kies. Für große und schwere Tontöpfe mit hohem Eigengewicht ist dagegen der leichtere Blähton, Lavalit oder Bimskies besser geeignet. Auf der Dränageschicht wird frisches Substrat verteilt und die Pflanze vorsichtig eingehoben. Nach dem Auffüllen aller noch bestehenden Hohlräume mit frischem Substrat wird die Engelstrompete so lange gewässert, bis das Wasser aus den unteren Topföffnungen austritt. Befindet sich nach einigen Minuten noch stehendes Wasser auf der Substratoberfläche, muß der Wasserabzug unbedingt überprüft werden.

Soll die bereits vorhandene Kübelgröße beibehalten werden, werden von dem alten Wurzelballen vorsichtig 2–5 cm des äußeren Randes durchwurzelter Erde abgeschält. Dies geschieht am einfachsten mit einem scharfen, sauberen Messer. Um einem Faulen der Schnittstellen vorzubeugen, können die verletzten Wurzelteile mit Holzkohlepulver eingepudert werden.

## Bewässerung

Mit beginnendem Wachstum im Frühjahr steigt der Wasserbedarf der Engelstrompeten ständig; er erreicht seinen Höhepunkt während der Hauptwachstumszeit im Sommer. Die Pflanzen weisen nun ihren stärksten Zuwachs auf und müssen – je nach Witterung und Luftfeuchtigkeit – morgens und abends gegossen werden. Dabei sollte der Wurzelballen möglichst bis auf den Grund des Kübels durchnäßt werden. Dies läßt sich daran erkennen, daß etwas Wasser aus den Abzugslöchern des Kübelbodens austritt. Wesentlich mehr Wasser als das Substrat aufnehmen kann, sollte allerdings nicht gegeben werden, um das damit verbundene Auswaschen von Nährstoffen zu vermeiden.

An Sonnentagen und bei sehr windigem Wetter ist der Wasserbedarf der Brugmansien deutlich größer als während einer Regenperiode. Manchmal muß aber selbst bei Regen gegossen werden. Die oft gewaltigen Blattmassen schirmen die Wurzelscheiben oft so gut ab, daß kaum ein Tropfen Wasser das Substrat erreicht.

Ballentrockenheit zeigen Engelstrompeten durch hängende Blätter an. Bei sofortigem Gießen erholen sich die Pflanzen erstaunlich schnell, ohne weitere Schäden aufzuweisen. Bleibt die Gießaufforderung jedoch unbeachtet, reagieren viele Brugmansienarten mit dem Abwurf von Blütenknospen oder der noch kleinen Früchte.

Nach längeren Regenperioden mit darauffolgendem intensiven Sonnenschein kann es passieren, daß Engelstrompeten – trotz ausreichender Feuchtigkeit im Topfballen – die Blätter hängen lassen. Durch Nachrüstung des Verdunstungsschutzes der Blätter gelingt es den Pflanzen in aller Regel, sich in kurzer Zeit den neuen Witterungsbedingungen anzupassen. Stehen Brugmansien jedoch bei extrem heißem Wetter ständig in voller Sonne, so schaffen es die Wurzeln tagsüber nicht, ausreichend Wasser an die Blätter nachzuliefern.

Häufiges Überbrausen verbessert nicht nur die Situation der in voller Sonne stehenden Pflanzen, es bekommt allen Engelstrompeten sehr gut. Die gründliche Reinigung der Blätter von Staub- und Schmutzpartikeln verbessert die Assimilation und die Wasseraufnahme über die Spaltöffnungen der Blätter. Durch die – wenn auch nur kurzfristige – Erhöhung der Luftfeuchtigkeit rund um die Pflanze wird deren Wasserverdunstung vermindert. Da die Wassernachlieferung über die Wurzel gleichzeitig bestehen bleibt, erholen sich „schlappe" Pflanzen auf diese Weise besonders schnell. Als positiver Nebeneffekt läßt sich beobachten, daß sich durch häufiges Überbrausen der gesamten Pflanze die verschiedensten tierischen Schädlinge, wie Blattwanzen, Blattläuse und Spinnmilben empfindlich gestört fühlen.

Gegen Ende der Vegetationsperiode verringert sich der Wasserbedarf der Brugmansien durch die kühleren Herbsttemperaturen. Dem reduzierten Wachstum der Pflanzen ist anschließend die Wasserzufuhr anzupassen; eine völlige Austrocknung des Wurzelballens muß jedoch zu allen Zeiten vermieden werden.

Engelstrompeten benötigen viel Wasser.

## Standort

Der optimale Stellplatz ist hell und windgeschützt.

Bei der Auswahl eines geeigneten Standortes für Engelstrompeten ist folgendes zu berücksichtigen:

Der Stellplatz sollte hell sein, aber ohne direkte Sonneneinstrahlung während der heißen Mittagsstunden. Pflanzen mit so großer Blattfläche, wie sie viele Brugmansienarten aufweisen, werden dadurch zu übermäßiger Verdunstung angeregt. Selbst ein gesundes und leistungsstarkes Wurzelsystem ist dann nicht mehr in der Lage, diesen hohen Feuchtigkeitsverlust durch die Aufnahme von Wasser wieder auszugleichen. Trotz ausreichender Bewässerung wirken diese Pflanzen „schlapp" und wachsen sichtbar schlechter, als solche, die im lichten Schatten stehen.

Der Stellplatz sollte windgeschützt sein. Die oft großen, weichen Blätter vieler Brugmansien, wie *B. aurea, B. suaveolens* oder *B. × candida*, bieten dem Wind eine zu große Angriffsfläche. Schon durch gelegentliche Windböen werden sie zerrissen oder so zerzaust, daß sie keinen schönen Anblick mehr bieten. Bei Arten mit dünnwandigen Blüten *(B. suaveolens, B. versicolor, B. × insignis)* entstehen diese Schäden auch an den Blütenkronen. Als die am wenigsten windgefährdeten Arten haben sich *B. arborea* und ihre Hybriden *(B. × flava)* sowie *B. vulcanicola* bewährt.

## Düngung

Um ihre volle Schönheit zu entfalten, benötigen Engelstrompeten sehr hohe und regelmäßige Düngergaben. Bei der Wahl des Düngers sollte man darauf achten, nur Produkte zu kaufen, die die darin enthaltenen Nährstoffmengen auf der Packung angeben. Empfehlenswerte wasserlösliche Düngesalze enthalten um 15% Stickstoff (N), 5–10% Phosphat ($P_2O_5$) und 10–15% Kaliumoxid ($K_2O$); die Werte mineralischer Flüssigdünger liegen bei 12% Stickstoff, etwa 4% Phosphat und 7–10% Kaliumoxid.

Die für Brugmansien empfohlene Konzentration liegt für wasserlösliche Salze bei 4–5 g Nährsalz pro Liter Wasser, für mineralische Flüssigdünger bei 4–5 ml pro Liter Wasser. Diese sicher hohen Düngermengen werden eher verständlich, wenn man sich den enormen Zuwachs an Pflanzenmasse während einer Sommerperiode vor Augen führt.

Gedüngt wird während der sommerlichen Vegetationszeit ein- bis zweimal wöchentlich. An diesen Terminen wird den Pflanzen – anstelle der sonst üblichen Menge an Gießwasser – die gleiche Menge Gießwasser mit gelöstem Dünger verabreicht. Zu wenig gedüngte Engelstrompeten zeigen sehr bald typische Symptome von Stickstoffmangel, wie zurückgebliebenes Wachstum, kleine Blätter von hellgrüner Farbe sowie vorzeitiges Verkümmern und Abwerfen der älteren Blätter.

Ausreichend gedüngte Brugmansien legen jeweils nach der Ausbildung von zwei Vorblättern eine Blüte an. Eine zusätzliche Düngergabe führt darüber hinaus zum Austrieb der in den Blattachseln liegenden Vegetationspunkte. Diese entwickeln sich nicht selten zu gestauchten Kurztrieben mit bis zu fünf zusätzlichen Blüten. Demzufolge bilden stark gedüngte Engelstrompeten vier- bis fünfmal soviele Blüten wie schwach gedüngte.

Brugmansien, die kühl überwintert werden, benötigen ab Ende August keinen Dünger mehr; sie sollen ihr Wachstum zum Herbst hin abschließen. Während warmer Überwinterung wachsen die Pflanzen dagegen – wenn auch eingeschränkt – weiter. Eine schwache wöchentliche Düngergabe von 1,5 g bzw. 1,5 ml Dünger pro Liter Gießwasser verbessert ihren Blütenflor im winterlichen Wintergarten.

## Rückschnitt

Der häufigste Grund für einen starken Rückschnitt im Herbst ist der beengte Platz im Überwinterungsquartier. Dank ihrer großen Regenerationsfähigkeit verhalten sich hierbei die meisten Engelstrompeten problemlos, das heißt, sie tolerieren selbst radikale Schnittmaßnahmen bis knapp über die Topfoberfläche, ohne bleibenden Schaden zu erleiden.

Der Rückschnitt sollte jedoch nur innerhalb der Blühregion (siehe Seite 19) erfolgen. Radikalere Schnittmaßnahmen bis in den vegetativen Bereich haben eine längere Periode blütenlosen Wachstums im folgenden Frühjahr zur Folge. Die Bildung der Blüten wird dadurch unnötigerweise verzögert.

Bei allen langsamer wachsenden Engelstrompeten, wie *B.*-Aurea-Hybride 'Culebra' oder *B. vulcanicola* sollte nur sparsam zurückgeschnitten werden. Falls es die Größe des Überwinterungsquartiers erlaubt, kann mit dem Auslichten auch bis zum Frühjahr gewartet werden. Naturgemäß trocknet während der Wintermonate ein Großteil an Ästen und Zweigen ein, die dann sowieso entfernt werden müssen.

Zu Beginn jeder neuen Vegetationsperiode im Frühjahr muß der Aufbau der Pflanzen auf die Stabilität der Äste hin nochmals überprüft werden. Letztendlich müssen sie das Grundgerüst für die oft gewaltigen Blattmassen bilden, die während der Sommermonate heranwachsen. Alle schwachen Äste und der teilweise zu beobachtende weiche Winterwuchs werden dann entfernt.

## Formschnitt, Erziehung zum Hochstamm

Normalerweise wachsen Engelstrompeten in Buschform; ihr buschiges Aussehen wird oft noch durch zahlreiche Bodentriebe verstärkt. Diese Wuchsform ist allgemein beliebt, bringt sie doch außer einer dichten, bis zum Boden reichenden Belaubung die ersten Blüten zum frühestmöglichen Zeitpunkt. Um die Formierung zum Busch etwas zu fördern, empfiehlt es sich, alle zu langen Triebe bereits während der Sommermonate zurückzuschneiden. Sie können zu diesem Zeitpunkt noch gut zur Stecklingsvermehrung genutzt werden.

Für die meisten Engelstrompeten bietet sich aber auch eine Erziehung zum Hochstamm an. Dadurch befindet sich der Kronenbereich immer in der Blühregion und es ist sichergestellt, daß die Pflanze in jeder neuen Vegetationsperiode frühestmöglich ihre Blüten hervorbringt. Andererseits benötigen Hochstämme zur Überwinterung deutlich weniger Platz als die oft breit ausladenden Büsche.

Um eine junge Engelstrompete zum Hochstamm zu erziehen, wird der stärkste Trieb als Leittrieb mit einem stabilen Pflanzenstab abgestützt und senkrecht nach oben geleitet. Wird das rechtzeitige Abstützen versäumt, sind krummgewachsene und überhängende Hochstämme die Folge, bei denen im ungünstigsten Fall der gesamte Kronenbereich abbrechen kann. Alle bereits vorhandenen und sich noch bildenden Seitentriebe müssen am

*Schnittmaßnahmen sollten nur innerhalb der Blühregion erfolgen.*

Leittrieb entfernt werden. Erst wenn sich am Hochstamm die erste Blütenknospe bildet, kann mit dem Kronenaufbau begonnen werden. Ausschließlich oberhalb dieser Blüte wird nun die Bildung von Seitentrieben zugelassen und durch gelegentliches Stutzen gefördert. Zu lange Triebe sollten gekürzt und zur Stecklingsvermehrung genutzt werden. Auf diese Weise entwickelt sich mit den Jahren eine gut verzweigte und buschige Krone.

## Auspflanzen im Sommer

Wer die Möglichkeit hat, große Brugmansienpflanzen während der Sommermonate auszupflanzen, sollte dies auf jeden Fall einmal probieren. In der Regel entwickeln sie sich dadurch besonders schnell zu den imposanten, überreich blühenden Büschen, die das Ziel jedes Brugmansienfreundes sind. Durch das Auspflanzen erreicht man auf die einfachste Weise, was bei Kübelhaltung nur durch arbeitsintensiven Pflegeaufwand zu erreichen ist: eine immer gleichbleibende und ausreichende Nährstoff- und Wasserversorgung der Pflanzen (siehe Seite 63).

Ausgepflanzt werden die Engelstrompeten – je nach Überwinterungsmethode (siehe Seite 67) – im April oder Mai. Die großzügig ausgehobenen Pflanzlöcher sollten dafür sorgsam vorbereitet werden. Um den gewaltigen Dünger- und Wasseransprüchen der Engelstrompeten gerecht zu werden, muß die Erde im Pflanzloch ein hohes Speichervermögen für Pflanzennährstoffe und Wasser aufweisen.

Bei vorwiegend lehmhaltigen Böden genügt es, etwa zwei Drittel des vorhandenen Erdaushubs mit Kompost, Torf und Vorratsdünger versetzt, als Pflanzsubstrat zu verwenden. Bei vorwiegend sandigen Böden sollte der Anteil Torf oder Kompost noch weiter erhöht werden. Wichtig ist, daß die ursprünglich vorhandene Erde zu mindestens 50% mit in das Substrat eingearbeitet wird, da sonst der Austausch von Wasser und Nährstoffen zwischen Pflanzsubstrat und umliegender Erde empfindlich gestört wird. Es entsteht dann ein unerwünschter „Topfeffekt"; der große Vorteil des Auspflanzens, eine kontinuierliche Wasser- und Nährstoffversorgung, wird verhindert.

Um die Arbeit des herbstlichen Wiedereintopfens zu erleichtern, bietet sich – noch vor dem Auspflanzen – zur besseren Markierung von Ballenform und -größe die Umhüllung des Wurzelballens mit grobmaschigem Drahtgeflecht an. Dieser Drahtkorb verhindert weder das Durchwachsen der Wurzeln in die umliegende Erde noch den Wasser- und Nährstoffaustausch. Im Herbst kann dann anhand der Drahtwand die vorgegebene Ballengröße leicht abgestochen und der umwickelte Ballen problemlos in seinen Kübel gehoben werden.

Die allgemeinen Pflegemaßnahmen während der Sommermonate entsprechen in etwa denen der Kübelhaltung. Lediglich die Empfehlungen für Bewässerung und Düngung braucht man nicht so genau einzuhalten – hierbei macht sich eben das ungehinderte Wurzelwachstum in freier Erde positiv bemerkbar, wo die Pflanze sich selbsttätig neue Vorratsquellen erschließen kann.

Im Herbst werden die Pflanzen auf ihr Winterquartier vorbereitet: Der Wurzelballen wird – wie bereits beschrieben – mit dem Spaten auf Kübelgröße abgestochen und in das Pflanzgefäß gehoben. Die Äste und Zweige werden entsprechend ihrem sommerlichen Zuwachs mehr oder weniger stark zurückgeschnitten. Alle vergilbten Blätter sowie abgefallene Laubreste sollten jetzt entfernt werden. Sie bieten

*Auspflanzen erspart viel Zeit beim Gießen.*

sonst den verschieden Pflanzenschädlingen gute Unterschlupfmöglichkeiten – besonders Schnecken werden auf diese Weise leicht in den Überwinterungsraum miteingeschleppt. Danach ist die Engelstrompete bereit, ihr zugewiesenes Winterquartier zu beziehen.

## Überwinterung

Für Engelstrompeten haben sich in der Praxis zwei sehr verschiedene Überwinterungsmethoden bewährt:
1. Die kühle Überwinterung, deren erstrebenswertes Ziel eine völlige Wachstumsruhe während der Wintermonate ist.
2. Die warme Überwinterung, wo Wachstum und Blütenbildung – wenn auch in eingeschränktem Maße – aufrecht erhalten werden.

Bei beiden Überwinterungsmethoden sind die Temperaturen vor und nach dem Einräumen dem Wachstumsverhalten der Pflanzen anzupassen. Keinesfalls können beide Methoden miteinander kombiniert werden; so würde zum Beispiel das Herausräumen einer warm überwinterten Brugmansie zu dem Termin, der für eine kalt überwinterte Pflanze gilt, mit Sicherheit Pflanzenschäden verursachen.

### Kühle Überwinterung

Sollen Engelstrompeten nur „über den Winter gebracht werden", das heißt, daß während dieser Zeit weder Wachstum noch Blütenbildung erwünscht sind, bietet sich eine kühle Überwinterung an. In diesem Fall sollten die Brugmansien so lange wie möglich während der Herbstmonate im Freien ausharren. Die meist langsam abnehmenden Temperaturen härten die Pflanzen ab und stimmen sie damit schonend auf die erwünschte Winterruhe ein.

Ein Großteil der Blätter ist mittlerweile von alleine abgefallen; alle restlichen abgestorbenen, welken oder vertrockneten Blätter müssen vor dem Einräumen noch entfernt werden. Abgefrorene oder abgestorbene Triebspitzen werden bis ins gesunde Gewebe zurückgeschnitten. Zwar führen sie nicht unmittelbar zum Verlust einer Pflanze, doch erhöhen sie das Risiko für Pilz- und Bakterieninfektionen beträchtlich. Jede Art von absterbendem organischen Material bietet diesen Krankheitserregern optimalen Nährboden. Die Engelstrompete in vollständiger Wachstumsruhe ist nicht mehr in der Lage, durch Abgrenzung des kranken Gewebes eine Ausbreitung der Infektion zu verhindern, so daß im ungünstigsten Fall die gesamte Pflanze abstirbt.

Eine gründliche Reinigung von Pflanze und Topf vor dem Einräumen hilft, keine Schnecken oder andere Schädlinge ins Winterquartier miteinzuschleppen. Es empfiehlt sich, hierbei besonders die Topfunterseiten zu überprüfen. Durch die Wasserabzugsöffnungen wandern häufig Nacktschnecken und Asseln in das Substrat ein. Selbst ganze Mäusenester wurden in den großen Kübeln der Herrenhäuser Gärten schon gefunden. Wer ganz sicher vor ungebetenen Wintergästen sein möchte, sollte vorsichtig den Wurzelballen aus dem Topf heben und die Topfinnenseite überprüfen.

Vor Frosteinbruch ist es dann soweit: Alle Pflanzen werden in einen gut belüftbaren, etwa 5–10 °C kühlen Raum gebracht, der notfalls auch dunkel sein darf. Je nach vorhandener Luftfeuchte benötigen die Engelstrompeten kaum Wasser während ihres „Winterschlafes" – eine totale Austrocknung des Wurzelballens muß jedoch auch hier vermieden werden.

Ein kühler Keller reicht als Überwinterungsraum aus.

Bei dem empfohlenen Temperaturbereich von 5–10 °C, wobei die besonders wärmeliebende *B. × insignis* die obere Grenze bevorzugt, wird der unerwünschte Winterwuchs weitgehend verhindert.

Auf solche Weise überwinterte Engelstrompeten sollten im folgenden Frühjahr so zeitig wie möglich ins Freie gebracht werden, jedoch erst, wenn die schlimmste Frostgefahr gebannt ist. Es hat sich gezeigt, daß kühl überwinterte Brugmansien auch kalte Temperaturen ausgesprochen gut vertragen: So tolerierten die robusteren Arten wie *B. sanguinea* und *B. arborea* selbst schwache Nachtfröste ohne bleibende Schäden.

## Warme Überwinterung

Die warme Überwinterung hat in letzter Zeit durch die Wiederentdeckung von Wintergärten immer mehr Freunde gefunden. Engelstrompeten verbringen gerne die kalte Jahreszeit im Wintergarten.

Besonders *B. sanguinea*, die schon immer den Ruf einer Winterblüherin hatte, zeigt sich im winterlichen Gewächshaus in vollster Blütenpracht. Dann nämlich entwickeln sich die erst im Herbst angelegten Blütenknospen, die bei der kühlen und dunklen Überwinterung vertrocknen und abfallen.

Außer *B. sanguinea* wachsen und blühen *B. aurea*, *B. suaveolens*, *B. × candida*, *B. arborea* und viele Hybriden während der gesamten Wintermonate bei Temperaturen über 12 °C.

Für die warm zu überwinternden Pflanzen gelten besondere Ein- und Ausräumtermine. Ziel ist es hier nicht, die Engelstrompeten zum Abschluß ihres Wachstums zu bewegen – im Gegenteil, das Wachstum soll, wenn auch im reduzierten Maße, aufrecht erhalten werden. Optimal ist deshalb ein Einräumen in den Wintergarten, wenn die mittleren Tagestemperaturen Werte um 10–12 °C erreichen. In der Regel liegt dieser Zeitpunkt im Monat Oktober.

Der ideale Wintergarten für Brugmansien ist hell, belüftbar und weist Temperaturen zwischen 12 und 18 °C auf. Da das Wachstum der Pflanzen hier, im Vergleich zum Sommer, nur verringert wird, müssen Wasser- und Düngergaben den veränderten Bedingungen angepaßt werden. Das bedeutet, je nach Zuwachs der Pflanze etwa 1,5 g bzw. 1,5 ml Dünger je Liter Gießwasser wöchentlich bei sonst mäßiger Bewässerung.

Was für das Einräumen wichtig ist, gilt auch für den Ausräumtermin ins Freiland: Große Temperaturunterschiede zwischen drinnen und draußen sind zu vermeiden. Normalerweise liegt der Umzugstermin ins Freie für warm überwinterte Brugmansien im Mai, wenn jegliche Frostgefahr gebannt ist. Nachtfröste würde eine bei 12–18 °C überwinterte Engelstrompete nur mit Schäden überstehen.

Da diese Pflanzen schon im warmen Wintergarten ausgetrieben haben, ist ihr frisches Grün nun besonders empfindlich gegenüber kalten Temperaturen – und auch gegenüber direkter Sonneneinstrahlung. Sie gehören deshalb in den ersten Wochen an einen schattigen Standort. Günstig für das Ausräumen ist eine Regenperiode. Haben sich die Engelstrompeten nach einiger Zeit wieder akklimatisiert, kann man sie getrost an ihren endgültigen, sonnigeren Stellplatz rücken.

*Für Besitzer von Wintergärten bietet sich die warme Überwinterung an.*

# *Vermehrung*

Für die Vermehrung von Engelstrompeten bietet sich in erster Linie eine Vermehrung über Stecklinge an. In der Regel verläuft ihre Bewurzelung schnell und problemlos und selbst kleine Jungpflanzen blühen bereits nach wenigen Monaten. Im Gegensatz dazu benötigen Sämlinge bis zu ihrer ersten Blüte, die nach Beendigung einer Jugendphase erfolgt, deutlich mehr Zeit.

Mit Ausnahme von *B. arborea*, deren Nachkommen nur eine geringe Variabilität zeigen, also fast erbgleich ausfallen, zeigen die Nachkommen aller anderen Brugmansien-Arten eine sehr hohe Variabilität bezüglich ihrer Erbeigenschaften. Dieser Umstand, den der Züchter hoch zu schätzen weiß, verhilft er ihm doch zu immer neuen Pflanzentypen, verärgert häufig den Brugmansienfreund, der sich ein Abbild der Mutterpflanze erhofft. Für ihn bleibt nur die vegetative Vermehrung über Stecklinge.

## Vermehrung über Stecklinge

Bei der Stecklingsvermehrung variieren – abhängig von der Brugmansienart – die Bewurzelungsdauer und die Anzahl der Stecklinge, die tatsächlich Wurzeln bilden. Gut und schnell bewurzeln Stecklinge von *B. suaveolens*, *B. × insignis* und *B. × candida*; langsam und mit großer Ausfallrate bewurzeln *B. vulcanicola*, *B. × flava* und verschiedene Typen von *B. versicolor*. Die übrigen Engelstrompeten nehmen diesbezüglich eine Mittelstellung ein.

Eine Vermehrung über Stecklinge ist praktisch das ganze Jahr über möglich; die besten Bewurzelungsergebnisse werden aber im Frühjahr und Sommer erzielt.

Zum Stecken können sowohl krautige Kopfstecklinge wie auch schon verholzte Teilstecklinge verwendet werden. Dabei ist es wichtig, daß die Stecklinge bevorzugt aus der Blühregion (vgl. Seite 19) der Pflanze entnommen werden. Nur sie versprechen eine frühzeitige und sichere Blüte der noch kleinen Jungpflanzen. Bei Stecklingen aus dem vegetativen Bereich der Brugmansie verzögert sich der Blühbeginn beträchtlich. Oft setzt hier die erste Blüte eine volle Vegetationsperiode später ein.

Beim Schneiden der Stecklinge muß auf größte Sauberkeit der verwendeten Arbeitsgeräte geachtet werden. Der austretende Pflanzensaft kann die gefürchteten krankheitserregenden Viren enthalten und leicht auf alle anderen Stecklinge übertragen. Nicht alle Brugmansien-Arten weisen bei Virusbefall die typischen Symptome auf – auch scheinbar gesunde Pflanzen können virusverseucht sein. Das Messer sollte deshalb nach jeder Pflanze gewechselt werden. In der Praxis bewähren sich alle vollständig aus Metall bestehenden Messer. Nach dem Schneiden der Stecklinge werden diese gesäubert und anschließend 1 Stunde

Nur Stecklinge aus der Blühregion versprechen eine frühzeitige Blüte.

lang im Backofen einer Temperatur von etwa 150 °C ausgesetzt.

Auch das Eintauchen des Messers in 1%ige Natronlauge oder 5%iges Natriumhypochlorid (z.B. enthalten in dem Haushaltsreiniger Klorix) kann zur Inaktivierung vorhandener Viren beitragen. Diese Chemikalien können gleichzeitig zur Reinigung der Arbeitsfläche von anhaftendem Pflanzensaft verwendet werden. Um die Übertragung von Viren zu vermeiden, ist der direkte Kontakt von Stecklingen unterschiedlicher Mutterpflanzen unbedingt zu vermeiden.

Krautige Stecklinge sollen etwa 15 cm lang sein. Sie bewurzeln nach 2 bis 4 Wochen bei Temperaturen um 20 °C. Versuche haben gezeigt, daß das Eintauchen der Stecklinge in Bewurzelungspulver mit einem Gehalt von 0,5% 3-Indolylbuttersäure die Wurzelbildung um mehrere Tage beschleunigt und das Bewurzelungsergebnis um durchschnittlich 10% verbessert. Gesteckt wird etwa 3 cm tief in ein Torf-Sand-Gemisch. Bei Verwendung von krautigen Stecklingen sollte die Luftfeuchtigkeit immer möglichst hoch liegen. Zu diesem Zweck kann eine durchsichtige Plastikfolie über das Vermehrungsbeet gespannt werden.

Bei Verwendung von verholzten Stecklingen, deren Bewurzelungszeit länger dauert, kann dagegen hohe Luftfeuchte zu Fäulnis führen. Hier muß auf ein Abdecken mit Folie verzichtet werden.

Viele Brugmansienarten lassen sich auch in Wasser bewurzeln. Die etwa 15 cm langen Stecklinge werden hierfür in ein Glas mit reinem Leitungswasser gestellt. Wichtig dabei ist, daß lediglich die untersten 2–4 cm des Stieles im Wasser stehen dürfen; höher eingefülltes Wasser würde ein Verfaulen der Stecklinge vom Stielende her begünstigen. Je nach Brugmansienart bildet sich häufig schon nach wenigen Tagen an dem im Wasser stehenden Teil punktförmig weißliches, hartes Gewebe, aus dem sich schließlich die ersten Wurzelansätze schieben. Die Stecklinge werden dann in einen kleinen Topf mit Erde gesetzt und müssen in der folgenden Zeit noch häufig mit Wasser übersprüht werden. Bis sich ein leistungsfähiges Wurzelsystem gebildet hat, das die Pflanze mit ausreichend Wasser versorgen kann, können noch einige Wochen vergehen.

Eine größere Menge Pflanzenmaterial zum Stecken fällt in der Regel im Herbst an, wenn viele Brugmansien vor dem Einräumen zurückgeschnitten werden. Die Möglichkeit zur „Massenproduktion" bietet sich dann allen Besitzern von Gewächshäusern. Verholzte, etwa 25 cm lange oder auch längere Stecklinge werden im Herbst etwa 6 cm tief in ein Sand-Torf-Gemisch, in Vermiculit oder Bimskies gesteckt und die Gewächshaustemperatur auf Werte zwischen 12 und 18 °C eingestellt. Im folgenden Frühjahr sind viele dieser Stecklinge bewurzelt. Für solch eine „kühle" Bewurzelung scheinen sich vor allem *B. vulcanicola*, *B. sanguinea* und *B. × flava* zu eignen.

Bei allen Stecklingen ist es günstig, wenn nach der Wurzelbildung möglichst bald in eine nährstoffreichere Erde umgetopft wird. Einmal bewurzelte Stecklinge wachsen sehr schnell. Wer eine stattliche Engelstrompete heranziehen will, sollte auf jeden Fall seine Jungpflanze während des ersten Kulturjahres mehrmals in größere Töpfe verpflanzen.

## Vermehrung über Aussaat

Eine Vermehrung der Engelstrompeten über Aussaat kann aus verschiedenen Gründen erwogen werden. Einerseits bietet sie dem Züchter die Möglichkeit,

*Brugmansia*-Suaveolens-Hybride 'Goldtraum', Beschreibung Seite 83.

aus den genetisch oft sehr verschiedenen Jungpflanzen einer Aussaat seine „Lieblingszüchtung" auszuwählen; andererseits kann durch die Aussaat ein neuer, nahezu virusfreier Bestand aufgebaut werden.

Bei der Aussaat wird der relativ große Samen schwach in die humose Erde gedrückt, damit ein Kontakt mit dem angefeuchteten Substrat gewährleistet ist. In der ersten Zeit sorgt eine Glasplatte als Abdeckung der Saatkiste für die optimale Luftfeuchtigkeit. Bei Temperaturen um 20 °C keimen die verschiedenen Brugmansien-Arten oft recht unterschiedlich. In der Regel beträgt die Keimdauer zwischen 10 und 20 Tagen. Die jungen Keimlinge können dann direkt in kleine Töpfe verpflanzt werden.

Durch Aussaat gewonnene Jungpflanzen durchleben eine Jugendphase, die leicht anhand der veränderten Blattform zu erkennen ist. Erst nach Abschluß dieses Jugendstadiums erlangt die Pflanze ihre Blühreife. Je nach Art differiert auch hier die Dauer bis zur ersten Blüte: Im Durchschnitt blühen die meisten Brugmansien erstmals bei einer Pflanzengröße von 0,8–1,5 m. Diese Maße werden bei guter Kultur in aller Regel nach 6–9 Monaten erreicht.

Die Pflanzen einer Aussaat können äußerst verschieden ausfallen. Sie unterscheiden sich nicht nur in Blattform und Blattgröße, Blütenform, Blütenfarbe und Blütengröße, sondern auch bezüglich ihrer Eigenschaften, wie Anfälligkeit gegenüber Krankheiten oder Blühwilligkeit. Viele interessante und lohnende Neuentdeckungen sind hier noch möglich, denkt man nur an die mannigfaltigen Kombinationsmöglichkeiten, die gerade die Kreuzungen der verschiedenen Arten untereinander beinhalten.

# *Züchtung*

Neue Formen von Engelstrompeten zu züchten, ist eine ebenso lohnende wie interessante Aufgabe. Da der Samen einer einzigen Frucht die verschiedenartigsten Pflanzen hervorbringen kann, finden sich in jeder Aussaat neue, vielfach noch unbekannte Typen.

Welche dieser Züchtungen tatsächlich neu und zur Weiterkultur geeignet sind, entscheidet sich frühestens nach der ersten Blüte. Um bis zu diesem Zeitpunkt den Arbeitsaufwand so gering wie nur möglich zu gestalten, können alle Jungpflanzen zunächst auf einem Beet ausgepflanzt werden. Diese Methode reduziert sowohl den Aufwand der Pflegemaßnahmen wie auch den Platzbedarf auf ein Minimum.

## Zuchtziele für neue Sorten

Innerhalb eines völlig gleich kultivierten Bestandes lassen sich auch die unterschiedlichen Eigenschaften von Sämlingen gut vergleichen und die besten Typen am leichtesten auslesen. Bei der Züchtung von neuen Sorten sollte man folgende Eigenschaften anstreben:
• Eine gute Sorte sollte reichlich blühen, mit vielen Blühschüben je Freilandsaison und möglichst keinen, oder nur kurzen blütenlosen Zeiten.
• Blüten sollten während der Blühsaison unabhängig von der Temperatur gebildet werden.
• Bereits die Sämlingspflanze sollte möglichst früh, das heißt in geringer Höhe, ihre erste Blüte hervorbringen. Solche sich früh verzweigenden Pflanzen zeigen in der Regel einen kompakten Aufbau.
• Form und Farbe der Blüten sollten ansprechend sein.
• Die Einzelblüten sollten lange haltbar sein und auch bei trockenem Wetter ihre Form beibehalten, das heißt, tagsüber nicht zusammenfallen.
• Hinsichtlich der Größe können sowohl große als auch kleine Blüten erstrebenswert sein, immer sollte jedoch die Blattgröße zur Blütengröße passen und die Blätter sollten die Blüten möglichst wenig verdecken.
• Der Kelch sollte nicht allzu groß sein, um nicht zu viel von der farbigen Blütenkrone zu überdecken.
• Auch die Intensität und Art des Blütenduftes können ein erstrebenswertes Zuchtziel sein.
• Eine gute Sorte sollte möglichst unempfindlich gegenüber Krankheiten sein.

Besonders das zuletzt genannte Zuchtziel darf bei der Auslese neuer Sorten nicht vergessen werden. Leider sind im bestehenden Sortiment Sorten, die durch Virusbefall schon stark degeneriert sind. Da bei Brugmansien auftretende Viren nicht durch das Saatgut übertragen werden, besteht so die Möglichkeit gesunde Pflanzen durch Aussaat nachzuzüchten. Aus den Sämlingen der Früchte von kranken Sorten werden Pflanzen mit weitgehend ähnlichen Blütenformen und -farben ausgelesen.

Bei der Bestäubung ist zu beachten, daß alle Arten – mit Ausnahme von *B. arborea* – selbststeril sind. Dies bedeutet, daß zwischen erbgleichen Pflanzen keine Befruchtung möglich ist: Durch Stecklinge vermehrte Pflanzen derselben Mutterpflanze (sortengleiche Pflanzen) bilden also bei gegenseitiger Bestäubung – trotz gelegentlichen Fruchtansatzes – keinen keimfähigen Samen aus.

Dafür gelingen bei Brugmansien – im Gegensatz zu vielen anderen Pflanzengattungen – Kreuzungen zwischen den verschiedenen Arten relativ leicht und erscheinen lohnend. Im günstigsten Fall können hierbei die positiven Eigenschaften zweier Arten miteinander kombiniert werden: So blüht zum Beispiel *B. × flava* (Kreuzung aus *B. arborea* mit *B. sanguinea*) auch während der Sommermonate, in denen *B. sanguinea* aufgrund zu hoher Temperaturen bereits keine Blüten mehr entwickelt.

Die Tabelle unten zeigt, welche Arten bereits mit Erfolg untereinander gekreuzt wurden. Einige Artkreuzungen sind noch nicht gelungen, zwischen ihnen gibt es möglicherweise höhere Unverträglichkeiten. Geduld und Glück können aber auch in solchen Fällen eines Tages zu erfolgreichen Kreuzbestäubungen führen.

Insbesondere in den letzten Jahren haben zahlreiche Brugmansiensammler in Deutschland, Frankreich, Holland, der Schweiz und Österreich bewiesen, daß die Züchtung neuer, verbesserter Hybridformen durchaus möglich ist. So findet man heute bereits Blüten mit einem gigantischen Durchmesser von 26 cm und leuchtende Blütenfarben in kräftigem Rosarot, Rotorange und Dottergelb. Auch rosalila bis bläulich gefärbte Typen mit metallisch schimmerndem Glanz waren ein lohnendes Zuchtergebnis von umfangreichen Kreuzungsversuchen. Der ursprünglich duftlosen *B. sanguinea* verhalf die gelungene Kreuzung mit einer *B.*-Arborea-Hybride zu einem zarten, wohlriechenden Parfum.

Viel Interessantes ist in der letzten Zeit bereits gezüchtet worden; doch versprechen nicht gerade diese Erfolge noch viele Überraschungen für die Zukunft?

Um den verschiedenen Züchtern die gegenseitige Vorstellung ihrer Neuzüchtungen zu ermöglichen, findet in den

## Kreuzungen, die keimfähigen Samen hervorbrachten

| ♀ \ ♂ | B. arborea | B. aurea | B. × candida | B. × flava | B. × insignis | B. sanguinea | B. suaveolens | B. versicolor | B. vulcanicola |
|---|---|---|---|---|---|---|---|---|---|
| B. arborea |   | × |   | × |   | × |   | × |   |
| B. aurea |   | × | × |   | × |   | × | × |   |
| B. × candida |   | × | × |   | × |   | × | × |   |
| B. × flava | × |   |   | × |   | × |   | × |   |
| B. × insignis |   | × | × |   | × |   | × | × |   |
| B. sanguinea | × |   |   | × |   | × |   |   | × |
| B. suaveolens |   | × | × |   | × |   | × | × |   |
| B. versicolor |   | × | × |   | × |   | × | × |   |
| B. vulcanicola | × |   |   | × |   | × |   |   | × |

*B. arborea*: Der Samen (unten) ist von einer dicken Korkschicht umgeben, die den gesamten Innenteil der Frucht auch im trockenen Zustand (Mitte) ausfüllt. An der aufgeschnittenen Frucht (oben) ist der typische Aufbau der Brugmansienfrüchte zu erkennen: Eine fleischige Fruchthülle umschließt zwei Fächer mit Samen.

Herrenhäuser Gärten von Hannover von Zeit zu Zeit ein Treffen der Brugmansienzüchter statt. Außer einem intensiven Erfahrungsaustausch bietet sich dabei auch die Gelegenheit, die verschiedensten Engelstrompeten zu tauschen.

An dieser Stelle sei auch auf den Brugmansienfreundeskreis verwiesen, dessen Mitglieder sich schon seit geraumer Zeit mit der Zucht dieser schönen Pflanzen beschäftigen.

## Bestäubung

Die Technik des Bestäubens von Engelstrompeten ist schnell beschrieben: Mit einer langen Pinzette oder einem ähnlich geeigneten Gegenstand werden die Staubgefäße aus der Vaterpflanze entfernt und der daran anhaftende Pollen auf der Narbe der Mutterpflanze abgestreift. Da mit Ausnahme von *B. arborea* alle Brugmansien selbststeril sind, brauchen bei den Mutterpflanzen die Staubbeutel nicht entfernt zu werden; eine Selbstbefruchtung ist hier ausgeschlossen.

Bei *B. arborea* müssen dagegen noch vor dem Öffnen der Blüte – durch einen Einschnitt an der Blütenwand – alle fünf Staubbeutel entfernt werden. Wird dieser Vorgang versäumt, oder zu spät ausgeführt, entwickelt sich durch die hier mögliche Selbstbefruchtung das völlig erbgleiche Saatgut einer *B. arborea*.

Künstliche Bestäubungen werden am besten sofort nach dem Öffnen einer Blüte vorgenommen; sonst kann es durchaus möglich sein, daß sich ein Insekt als der schnellere Bestäuber erweist. Wer ganz sicher gehen will, schirmt die Narbe nach der vorgenommenen Bestäubung mittels einer Papier- oder Staniolumhüllung gegenüber Fremdbestäubungen ab.

## Fruchtreife

Ob tatsächlich eine Befruchtung erfolgte, ist zuerst am Blütenstiel zu erkennen: Verfärbt er sich gelblich und beginnt einzutrocknen, wird er meist kurz nach dem Abfallen der verwelkten Blütenkrone mit dem Kelch abgestoßen. Bleibt er dagegen saftig grün und zeigt einen Zuwachs an Länge und Breite, hatte die Bestäubung Erfolg; die Entwicklung einer Frucht beginnt.

Auch hier wird nun die verwelkte Blütenkrone mitsamt den fünf Staubgefäßen abgestoßen; zurück bleibt der vom Kelch umhüllte Fruchtknoten, an dem noch längere Zeit Narbe und Griffel haften. Je nach Brugmansien-Art vertrocknet dann auch der Kelch und fällt ab, oder er umhüllt als trockene Haut die wachsende Frucht.

Die Fruchtreife dauert – je nach Brugmansienart – unterschiedlich lang. Die reifen Früchte beginnen vom unteren Ende her einzutrocknen, werden runzelig und verfärben sich bräunlich. Bei *B. arborea* geschieht dies bereits nach knapp 4 Monaten. Zu diesem Zeitpunkt zeigen auch die Samen im Inneren der Frucht durch ihre dunkelbraune Farbe an, daß sie voll entwickelt sind.

Die längste Reifezeit benötigen die Früchte von *Brugmansia sanguinea* und *B. vulcanicola*, sie dauert bis zu 8 Monaten. Im Gegensatz zu den anderen Arten ist ihre Erntereife äußerlich nicht zu erkennen, ihre Fruchthülle bleibt grün und trocknet nicht ein. Schon so mancher Züchter hat dies nicht bedacht und die Früchte in guter Absicht zu lange an der Pflanze belassen. Bereits nach etwa 9 Monaten beginnen jedoch die Samen zu keimen; befinden sie sich zu diesem Zeitpunkt noch in der geschlossenen Frucht, gehen sie zugrunde. Es empfiehlt sich deshalb bei *B. sanguinea*, *B. vulcanicola* und ihren Hybriden, den Zeitpunkt der Bestäubung auf einem Schlaufenetikett zu notieren und dies am Blütenstiel zu befestigen. Erntezeitpunkt des reifen Saatgutes ist dann der Termin 8 Monate später.

## Gewinnung des Samens

Während an den heimatlichen Standorten der Samen bis zur teilweisen Verwitterung der Außenhaut in der Frucht eingeschlossen bleibt, was Monate dauern kann, wird er in Kultur sofort nach dem Ernten der Früchte von der ihn umgebenden, mehligfleischigen Fruchthülle befreit. Übrig bleiben die Samenkörner, die einem dreidimensionalen Puzzle gleich, zu zwei oval bis länglich geformten Samenpaketen zusammengesetzt sind (siehe linke Seite). Diese dekorative Art der Samenanordnung findet man jedoch nur zum frühestmöglichen Erntetermin. Danach beginnt die mehlig fleischige Hüllschicht einzutrocknen; die kompakt angeordneten Samenpakete lösen sich langsam auf und zerfallen. Zu diesem Termin gibt die Fruchthülle auf Außendruck hin leicht nach. Spätestens dann muß der Brugmansiensamen geerntet werden, da zu diesem Zeitpunkt bereits die ersten Samenkörner in der Frucht auskeimen.

Je nach Art enthalten die Früchte zwischen 50 und 250 Samenkörner. Dabei zeigt sich jedoch, daß viele der Früchte, die aus Kreuzungen hervorgegangen sind, nur wenige keimfähige Samenkörner enthalten. Leider unterscheidet sich der keimfähige Samen äußerlich nicht von dem nicht keimfähigen.

Brugmansien-Samen kann frisch ausgesät oder getrocknet und luftdicht verpackt an einem kühlen, trockenen Ort mehrere Jahre gelagert werden. Auch fünf Jahre alter Samen keimte bei Versuchen kaum schlechter als frisch geernteter.

Nach dem Trocknen des Saatgutes besteht die Möglichkeit, die korkartige Samenschale zu entfernen. Hier wird nun offensichtlich, daß sich bei vielen Kreuzungen zwar eine Samenschale entwickelt, der sonst darin eingelagerte Embryo mit dem ihn umhüllenden Nährgewebe aber fehlt.

Manchmal befinden sich inmitten einer Frucht mit leeren Samenschalen einige wenige keimfähige Samenkörner. Diese Samenkörner zu finden und zur Keimung zu bringen, ist besonders interessant – eröffnen sie doch die Möglichkeit, eine noch nie dagewesene Kreuzungskombination zu verwirklichen.

Früchte von *Brugmansia vulcanicola*, Beschreibung Seite 42.

# *Aufbau einer Brugmansien-Sammlung*

Das Ziel vieler Brugmansienfreunde, ein ausreichender Stellplatz vorausgesetzt, ist, eine möglichst umfangreiche und vielfältige Sammlung der verschiedenartigsten Brugmansien zu besitzen. Leider dauert es in der Regel ziemlich lange, bis die letzten noch fehlenden Typen zusammengetragen sind.

Schuld an diesen Schwierigkeiten ist die geringe Arten- und Sortenvielfalt, die von Gartencentern und Blumengeschäften angeboten wird. Häufig werden die Pflanzen nur durch ihre Blütenfarbe gekennzeichnet, so daß der Sammler an der blütenlosen Pflanze nicht erkennen kann, ob er den angebotenen Typ bereits besitzt. Sind die Pflanzen erfreulicherweise einmal mit Namen versehen, kann man sich leider nicht immer auf deren Richtigkeit verlassen. Im Sortenvergleich zeigte sich, daß der gleiche Pflanzentyp unter bis zu fünf verschiedenen Namen im Umlauf war. Aber auch umgekehrt wurden unter dem gleichen Namen völlig verschiedene Pflanzen geführt.

Der Etablierung eines allgemein anerkannten Engelstrompeten-Sortimentes stehen leider auch pflanzenbauliche Probleme entgegen: Je häufiger und je länger eine Sorte durch Stecklinge vermehrt wird, desto größer ist die Wahrscheinlichkeit einer Virusinfektion. Einmal befallene Pflanzen lassen sich – außer durch Gewebekultur im Labor – nicht heilen; sie müssen zur Vermeidung einer weiteren Übertragung unbedingt vernichtet werden. So verschwindet im Laufe der Jahre so manche der älteren Sorten aus den Sammlungen. Neuzüchtungen füllen diese Lücken jedoch schnell wieder auf.

Trotz all dieser Probleme sollte der Engelstrompeten-Sammler nicht völlig auf ein Verzeichnis des aktuellen Sortiments verzichten. Nur so kann er sich über die Vielfalt der zur Zeit vorhandenen Typen mit ihren unterschiedlichen Blütenformen und -farben sowie Blüheigenschaften informieren.

## Das Brugmansien-Sortiment

### B. arborea

Wildart mit relativ kleinen, cremeweißen Blüten; Fruchtansatz durch Selbstbefruchtung.

### B.-Arborea-Hybriden

Kulturformen mit auffällig einseitig geschlitztem Kelch; die dem Schlitz gegenüberliegende Spitze reicht bis in die vordere Hälfte der Blüte. Vorhandene Blütenfarben: Cremeweiß und Gelb. Durch Einkreuzung von *B. sanguinea* sind weitere Blütenfarben denkbar.
Beispiel:
**B.-Arborea-Hybride 'Engelsglöckchen'.** Züchter unbekannt. Gesunde Sorte mit 21 cm langen, cremeweißen Blüten und gutem Blütenansatz.

## B. aurea

Die in dieser Gruppe aufgeführten Sorten sind Kulturformen mit Wildartcharakter, die mittelgroße, trompetenförmige Blüten in den Farben Gelb, Rosa und Weiß besitzen.
Beispiele:
**B. aurea 'Goldenes Kornett'**. Schöne Auslese der Wildart mit goldgelben Blüten und relativ gutem Blütenansatz.
**B. aurea 'Rothkirch'**. Wildherkunft aus Kolumbien mit rosafarbenen Blüten. Blütenansatz gering.
**B. aurea 'Tufino'**. Auslese aus Ecuador mit weißen, formschönen Blüten von ziemlich fester Konsistenz. Blütenansatz gering.
**B. aurea f. variegata 'Vienna Silver Star'**. Diese Form mit grün-weiß-panaschierten Blättern entstand bei E. Zelina (Wien) infolge einer Sproßmutation an der Sorte 'Goldenes Kornett'.

## B.-Aurea-Hybriden

Viele dieser Kulturformen gleichen in wesentlichen Merkmalen noch *B. aurea*. Die größten Abweichungen weist die *B.*-Aurea-Hybride 'Culebra' auf.
Beispiele:
**B.-Aurea-Hybriden 'Amaron' und 'Quinde'**. Indianersorten aus Kolumbien mit weißen Blüten; Blütenansatz sehr gering. Blätter länglich und unregelmäßig geteilt.
**B.-Aurea-Hybride 'Citronella'**. Züchtung von H. Blin (Straßburg) mit 18 cm langen, zitronengelben Blüten und gutem Blütenansatz.
**B.-Aurea-Hybride 'Culebra'**. Indianersorte aus Kolumbien. Die weißen Blüten sind zwischen den Saumspitzen stark eingeschnitten, so daß der Eindruck einer unverwachsenen Blütenkrone entsteht. Blütenansatz eher gering. Die Blätter sind ungewöhnlich schmal.

Links:
*B.*-Aurea-Hybride 'Irradiata', Beschreibung Seite 79.
Rechts:
*Brugmansia aurea* 'Tufino'.

**B.-Aurea-Hybride 'Irradiata'.** Züchtung von A. Holguin (Quito, Ecuador) mit cremeweißen Blüten. Blütenansatz eher gering. Blätter schmal und ungleichmäßig geteilt.

**B.-Aurea-Hybride 'Rosabelle'.** Züchtung von H. Blin (Straßburg) mit 34 cm langen, rosafarbenen Blüten. Die Blütenkrone ist gleichmäßig durchgefärbt.

## B. aurea × B. suaveolens

Hinsichtlich der Blütenform nehmen diese Hybriden eine Mittelstellung zwischen beiden Elternarten ein, ihre Saumzipfel sind häufig stark ausgeprägt. Als Blütenfarben sind Weiß und Gelb vorhanden; außerdem ist Rosa denkbar. Beispiele:

**B.-Hybride 'Gelber Riese'.** Züchtung von B.-J. Herder (Rudolstadt) mit 26 cm langen, hellgelben Blüten.

**B.-Hybride 'Weiße Krone'.** Züchtung der Herrenhäuser Gärten mit 32 cm langen, cremeweißen Blüten.

## B. × candida (B. aurea × B. versicolor)

Auch diese Hybriden nehmen hinsichtlich der Blütenform eine Mittelstellung zwischen den beiden Elternarten ein. In Bezug auf Blütenreichtum übertreffen sie jedoch in der Regel beide.
Beispiele:

**B. × candida 'Esmeraldas'.** Eine von A. Holguin (Quito, Ecuador) in Ecuador gefundene Hybride mit rötlich-rosafarbenen Blüten von 29 cm Länge.

**B. × candida 'Grand Marnier'.** Alte Sorte aus dem Garten „Les Cèdres" von J. Marnier-Lapostolle (St. Jean, Cap Ferrat). Sie wurde Anfang dieses Jahrhunderts von der Firma Hillier (England) in den Han-

Linke Seite großes Foto:
*B.* × *candida* 'Rosea'.
Kleines Bild oben:
*Brugmansia*-Hybride 'Weiße Krone'.
Kleines Bild unten:
*B.* × *candida* 'Ocre'.
Rechte Seite:
*Brugmansia* × *candida* f. *variegata* 'Maya'.

del gebracht. Ihre Blüten sind hell apricotfarben.

**B. × candida 'Ocre'.** Schöne Indianersorte aus Kolumbien mit goldgelben, hängenden Blüten.

**B. × candida 'Orange'.** Aus den USA stammende Sorte mit 32 cm langen, orangefarbenen Blüten mit cremefarbenem Schlund. Ihre Blütenzipfel sind mit 8 cm ausgesprochen lang; die Kronenwand der Blüten ist ungewöhnlich fest. Diese Eigenschaften machen sie zu einer verbesserten Form der ähnlich aussehenden Sorte 'Ocre'.

**B. × candida 'Rosea'.** Eine von A. Holguin (Quito, Ecuador) in Ecuador gesammelte Hybride mit hellrosa Blüten.

**B. × candida f. plena 'Tutu'.** Seit langem in Kultur befindliche Sorte mit doppelter, weißer Blütenkrone. Leider sind viele in den Sammlungen vorhandene Pflanzen dieser Sorte viruskrank.

**B. × candida f. variegata 'Maya'.** Diese aus Frankreich stammende Sorte hat hell apricotfarbene Blüten, ihre Blätter sind grün-weiß panaschiert.

Oben links:
*Brugmansia × insignis* 'Pink Favorite', Beschreibung Seite 81.
Rechts:
*Brugmansia × flava* 'Gelber Engel'.
Unten:
*B.*-Sanguinea-Hybriden und *B. × flava* weisen die größte Farbenvielfalt auf.

## B. × flava
### (B. arborea × B. sanguinea)

Diese Hybridformen blühen – im Vergleich zu *B. sanguinea* – während des Sommers wesentlich besser und weisen – im Vergleich zu *B. arborea* – eine vielfältigere Palette an Blütenfarben auf. So gibt es Pflanzen mit einfarbig gelben, weißen, rosafarbenen und roten Blüten oder auch mehrfarbige Formen, die im unteren Teil der Blütenkrone grün-gelb und an der Mündung rosa oder rot sind. Einige von ihnen duften.
Beispiele:
**B. × flava 'Gelber Engel'.** Seit langem in Kultur befindliche Sorte mit gelben Blüten.
**B. × flava 'Lilac'.** Züchtung der Herrenhäuser-Gärten mit 25 cm langen, lackartig schimmernden, bläulich-rosa Blüten.

## B. × insignis (Hybriden der Kreuzungsfolge (B. suaveolens × B. versicolor) × B. suaveolens)

Diese Hybriden blühen besonders reich in warmen Sommern. Ihre Blüten sind weiß oder rosa, aber auch apricotfarbene und gelbe Sorten sind denkbar.
Beispiele:
**B. × insignis 'El Whisky'.** Von A. Holguin (Quito, Ecuador) gesammelte Naturhybride mit rosafarbenen Blüten.
**B. × insignis 'Floripondio de la Costa'.** Von Salvador Chindoy (Kolumbien)

gesammelte Naturform mit cremeweißen Blüten.

**B. × insignis 'Pink Favorite'.** Reichblühende Züchtung der Herrenhäuser Gärten. Blüten rosa mit einem auffallend dunklen Blütenrand.

**B. × insignis 'Shushufindi'.** Von A. Holguin (Quito, Ecuador) stammende Sorte mit 40 cm langen, rosafarbenen Blüten.

## B. sanguinea

Die aufgeführten Sorten sind Kulturformen mit Wildartcharakter, und kleinen bis mittelgroßen, röhrenförmigen Blüten. Mehrfarbige Blüten sind an der Basis grün, in der Mitte gelb oder cremefarben und an der Mündung rot. Die grüne Basis wird zum größten Teil vom Kelch verdeckt. Es gibt auch einfarbige Formen in Gelb, Rot oder Rosa. Die Blütenentwicklung wird durch hohe Temperaturen verhindert, so daß sich ihre Hauptblütezeit von Herbst bis Frühjahr erstreckt. Beispiele:

**B. sanguinea 'Feuerwerk'.** Dreifarbige Form mit intensivem Farbkontrast in Grün-Gelb-Rot.

**B. sanguinea 'Sangre'.** Einfarbig rote Form.

**B. sanguinea 'White Flame'.** Blüten dreifarbig: Mündung rot, Mitte cremefarben und Basis grün.

**B. sanguinea f. variegata 'Oro Verde'.** Von H. Gröschel (Ingelheim) in Ecuador gefundene Naturform mit goldgelben Blüten. Ihre Blätter sind grün-gelb panaschiert und auffallend samtig behaart.

## B.-Sanguinea-Hybriden

Diese Kulturformen, die im Aussehen weitgehend noch B. sanguinea gleichen, sind auf Kreuzungen zwischen B. sanguinea und B. × flava zurückzuführen. Wie B. × flava besitzen sie einen einseitig geschlitzten Kelch und überwiegend röhrenförmige Blüten, ihre Saumzipfel sind jedoch in der Regel kürzer. Verständlicherweise gibt es zwischen B. × flava und den B.-Sanguinea-Hybriden alle möglichen Übergangsformen. Sie blühen in der Regel im Sommer deutlich besser als B. sanguinea. Entsprechend der an den Kreuzungen beteiligten Arten (B. arborea und B. sanguinea) ergibt sich eine vielfäl-

B.-Sanguinea-Hybriden 'Rosita' (links), und 'Orange' (rechts), Beschreibung Seite 83.

tige Palette an Blütenfarben bis zu lilafarbenen Blüten. Eine unangenehme Eigenschaft mancher *B.*-Sanguinea-Hybriden ist, daß die Blütenkronen es häufig nur unter erheblichem Druck schaffen, den Kelch zu durchwachsen. Verkrüppelte oder im Kelch steckengebliebene Blüten sind die Folge.
Beispiele:
**B.-Sanguinea-Hybride 'Orange'.** Züchtung der Herrenhäuser Gärten mit grüngelb-orangefarbenen Blüten.
**B.-Sanguinea-Hybride 'Rosita'.** Züchtung der Herrenhäuser Gärten mit 24 cm langen und einfarbig rosa Blüten.

Linke Seite:
*Brugmansia sanguinea* 'Feuerwerk', Beschreibung Seite 81.

## B. suaveolens

Die in dieser Gruppe aufgeführten Sorten sind Kulturformen mit Wildartcharakter, die mittelgroße, trichterförmige Blüten in den Farben Weiß, Rosa oder Gelb besitzen.
Beispiel:
**B. suaveolens 'Rosa Traum'.** Aus Österreich stammende Sorte mit 32 cm langen, rosafarbenen Blüten.

## B.-Suaveolens-Hybriden

Diese Züchtungen sehen *B. suaveolens* noch sehr ähnlich, ihr Hybridcharakter offenbart sich jedoch an der von der strengen Trichterform abweichenden Blütenkrone. Die Blüten der *B.*-Suaveolens-Hybriden sind weiß, rosa oder gelb und haben vielfach eine längere Haltbarkeit als die der Wildformen.
Beispiele:
**B.-Suaveolens-Hybride 'Goldtraum'.** Von Gebauer (Lehrte) gefundene, reichblühende Kulturform von unbekannter Herkunft. Blüten gelb mit goldgelb glänzendem Blütensaum.

**B.-Suaveolens-Hybride 'Pink Delight'.** Züchtung von M. Gottschalk (Herbstein) mit sehr großen, rosafarbenen Blüten; Länge 34 cm und Kronendurchmesser 26 cm.

## B. suaveolens × B. versicolor

Diese auch in der Natur verwildert vorkommenden Hybriden nehmen in ihrer Blütenform eine Mittelstellung zwischen beiden Elternarten ein. Im Blühverlauf zeigen sie – wie *B. versicolor* – deutliche Blühschübe, übertreffen diese Art jedoch hinsichtlich der Anzahl Blüten, die im Verlauf eines Sommers entwickelt werden. Bisher gibt es Sorten mit weißen und rosafarbenen Blüten, aber auch Apricot und Gelb sind denkbar.
Beispiel:
**B.-Hybride 'Glockenfontäne'.** Aus Kolumbien stammende Form mit 41 cm langen, hellrosa Blüten.

## B. versicolor

Die in dieser Gruppe aufgeführten Sorten sind Kulturformen mit Wildartcharakter, die bis zu 50 cm lange, trompetenförmige Blüten besitzen. Die weißen, gelblichen, apricotfarbenen oder rosafarbenen Blüten öffnen sich in ausgeprägten Schüben.
Beispiele:
**B. versicolor 'Apricot'.** Auslese von A. Holguin (Quito, Ecuador) mit 45 cm langen, apricotfarbenen Blüten.
**B. versicolor 'Apricotqueen'.** Züchtung der Herrenhäuser Gärten mit 48 cm langen, apricotfarbenen Blüten, die im Schlund deutlich heller sind.
**B. versicolor 'Teneriffa'.** Gartenform von Teneriffa mit relativ kleinen Blüten von 31 cm Länge, Farbe Apricot mit hellem Schlund.

**B. versicolor 'Weiße Posaune'.** Besonders elegant geformte Auslese aus Ecuador mit cremeweißen Blüten.

## B.-Versicolor-Hybriden

Diese Kulturformen zeigen noch deutlich ihre Verwandtschaft zu *B. versicolor*. Im Unterschied zur Wildart ist bei den Hybriden allerdings der verengte Teil der Blütenkrone nicht immer sichtbar, häufig zeigt auch die Blütenkrone keine reine Trompetenform mehr – Tendenzen zur Trichterform sind deutlich erkennbar. Die Öffnung der Blüten erfolgt auch bei den Hybriden meist in Schüben, die jedoch nicht so extrem ausgeprägt sind wie bei *B. versicolor*. Dadurch entwickeln die Hybriden während eines Sommers in aller Regel eine größere Anzahl Blüten. Als Farben sind Weiß, Gelb, Apricot und Rosa bekannt.
Beispiele:
**B.-Versicolor-Hybride 'Kurfürst Ernst-August'.** Der Züchter dieser 32 cm langen, hell apricotfarbenen Sorte ist unbekannt.
**B.-Versicolor-Hybride 'Pride of Hannover'.** Reichblühende Sorte der Herrenhäuser Gärten mit 45 cm langen, cremeweißen Blüten.
**B.-Versicolor-Hybride f. plena 'Charleston'.** Züchtung von H. Blin (Straßburg) mit doppelter, weißer Blütenkrone und langen Saumzipfeln.
**B.-Versicolor-Hybride f. plena 'Herrenhäuser Gärten'.** Züchtung der Herrenhäuser Gärten mit 37 cm langen, dunkelorangefarbenen Blüten. Jede Blüte besteht aus vier ineinander geschobenen Kronen.
**B.-Versicolor-Hybride f. plena 'Tiara'.** Züchtung von H. Blin (Straßburg) mit doppelter Blütenkrone in Creme bis hell Apricotfarben.

Rechts:
*Brugmansia*-Hybride
'Glockenfontäne'.
Unten links:
*Brugmansia versicolor*
'Apricotqueen'.
Rechts:
*B. versicolor*
'Weiße Posaune'.
Oben links:
*B.*-Versicolor-Hybride
f. *plena* 'Tiara'.

*B.*-Vulcanicola-Hybride 'Roter Vulkan'.

## B. vulcanicola

Wildart mit kleinen, röhrenförmigen Blüten. Die mehrfarbigen Blüten sind an der vom Kelch verdeckten Basis grün, in der Mitte rot und an der Mündung gelb. Daneben gibt es einfarbig gelbe, rote und rosapastellfarbene Formen. Die Hauptblütezeit dieser Art erstreckt sich auf die kühleren Herbst-, Winter- und Frühjahrsmonate.

## B.-Vulcanicola-Hybriden

Durch Einkreuzungen von *B. sanguinea* und *B.* × *flava* ist in den Herrenhäuser Gärten eine Vielzahl ein- und mehrfarbiger Formen in den Farben Rosa, Rot und Gelb entstanden.
Beispiel:
**B.-Vulcanicola-Hybride 'Roter Vulkan'** mit 18 cm langen, ziegelroten Blüten.

## B.-Hybriden (Hybridschwarm unter Beteiligung von B. aurea, B. suaveolens und B. versicolor)

An den hier aufgeführten Hybriden sind drei verschiedene Wildarten in unterschiedlichem Ausmaß beteiligt. So entstehen einerseits die verschiedensten Merkmalkombinationen, aber andererseits auch völlig neue Merkmale, wie zurückgebildete Saumzipfel oder stark verkleinerte Blüten.
Beispiele:
**B.-Hybride 'Charles Grimaldi'.** Aus den USA stammende Sorte mit 33 cm langen, hängenden Blüten. Die Farbe ist intensiv orange-gelb, innerhalb des Schlundes heller.
**B.-Hybride 'Schloß Ricklingen'.** Züchtung der Herrenhäuser Gärten mit 34 cm langen, nickenden Blüten in Rosa.

**B.-Hybride f. variegata 'Klerx's Panaschierte'.** Diese Sorte mit grün-weißpanaschierten Blättern entstand bei J. Klerx (Malden, Holland). Die Saumzipfel der cremeweißen, fast waagerecht stehenden Blüten sind nahezu vollständig zurückgebildet.

Oben:
*B.*-Hybride 'Charles Grimaldi'.
Unten:
*B.*-Hybride f. *variegata* 'Klerx's Panaschierte'.

# Natürliche Veränderungen an Engelstrompeten

Rechte Seite:
Infolge kühler Herbsttemperaturen bringt diese gelbblühende *B. sanguinea* grünliche Blüten hervor.

Auf die beeindruckende Verwandlungsfähigkeit der Engelstrompeten wurde bereits mehrfach hingewiesen. So ändern sich während der verschiedenen Jahreszeiten nicht nur Größe und Farbe von Blüten und Blättern – vielfach kommt es auch zu einem völlig veränderten Blühverhalten. Bei all diesen natürlichen Veränderungen handelt es sich nicht um Folgeerscheinungen, die durch Krankheiten oder Schädlinge verursacht werden, sondern um Reaktionen der Pflanze auf Veränderungen der Umweltfaktoren.

## Veränderung der Blütenfarbe

Die Blütenfarbe der Engelstrompeten wird durch die Temperatur stark beeinflußt. Am auffälligsten tritt dies bei den intensiv farbigen *B. sanguinea* und deren Hybriden zu Tage. Eine im Frühsommer dreifarbig blühende Form (grün-gelb-rotorange) verwandelt sich während der kühleren Herbstmonate in eine zweifarbige (grün-rubinrot). Die im Sommer leuchtend gelb blühende *B. sanguinea* bringt im Herbst eher grünliche Blüten hervor, die sich von dem grünen Blattwerk kaum noch abheben (siehe Abb. rechts). Beobachten kann man diese auffälligen Farbveränderungen allerdings nur, wenn im September und Oktober bereits kühle Nachttemperaturen vorherrschen.

Interessanterweise bringen kühlere Temperaturen bei den robusten und eher kälteverträglichen Brugmansienarten, wie *B. sanguinea, B. arborea* und deren Hybriden die vorhandenen Blütenfarben verstärkt zum Vorschein. So blühen zahlreiche B.-Arborea-Hybriden während der heißen Sommermonate reinweiß; im kühleren Herbst dagegen tragen dieselben Pflanzen zartrosa oder gelb getönte Blüten. Wer ganz sicher gehen will, ob es sich bei einer weiß blühenden Engelstrompete der oben genannten Typen tatsächlich um eine weiße handelt, sollte die Blütenfarbe endgültig erst im Herbst bestimmen.

Bei allen wärmeliebenden Arten, wie *B. suaveolens, B. versicolor* und ihren Hybriden, läßt sich dagegen ein deutliches Verblassen der Blütenfarbe bei kühleren Temperaturen feststellen. Ihre stärkste Farbintensität zeigen sie während warmer Sommermonate.

Eine weniger auffällige, aber für alle pastellfarbenen Engelstrompeten typische Farbveränderung geht während des Aufblühens der Knospen vor sich. Die aus dem Kelch hervorbrechenden, gesunden Knospen sind geschlossen hellgrün gefärbt. Bereits während des Öffnens der Kronen färben sie sich über Gelbgrün in Gelb um. Gelbe Sorten bleiben gelb, während alle weiß- und rosablühenden Sorten zuerst noch einmal reinweiß werden, bevor sie ihre endgültige Farbe annehmen. Da sich die Blüten der Engelstrompeten in den frühen Abendstunden öffnen, findet dieser beeindruckende Farbenwechsel zumeist während

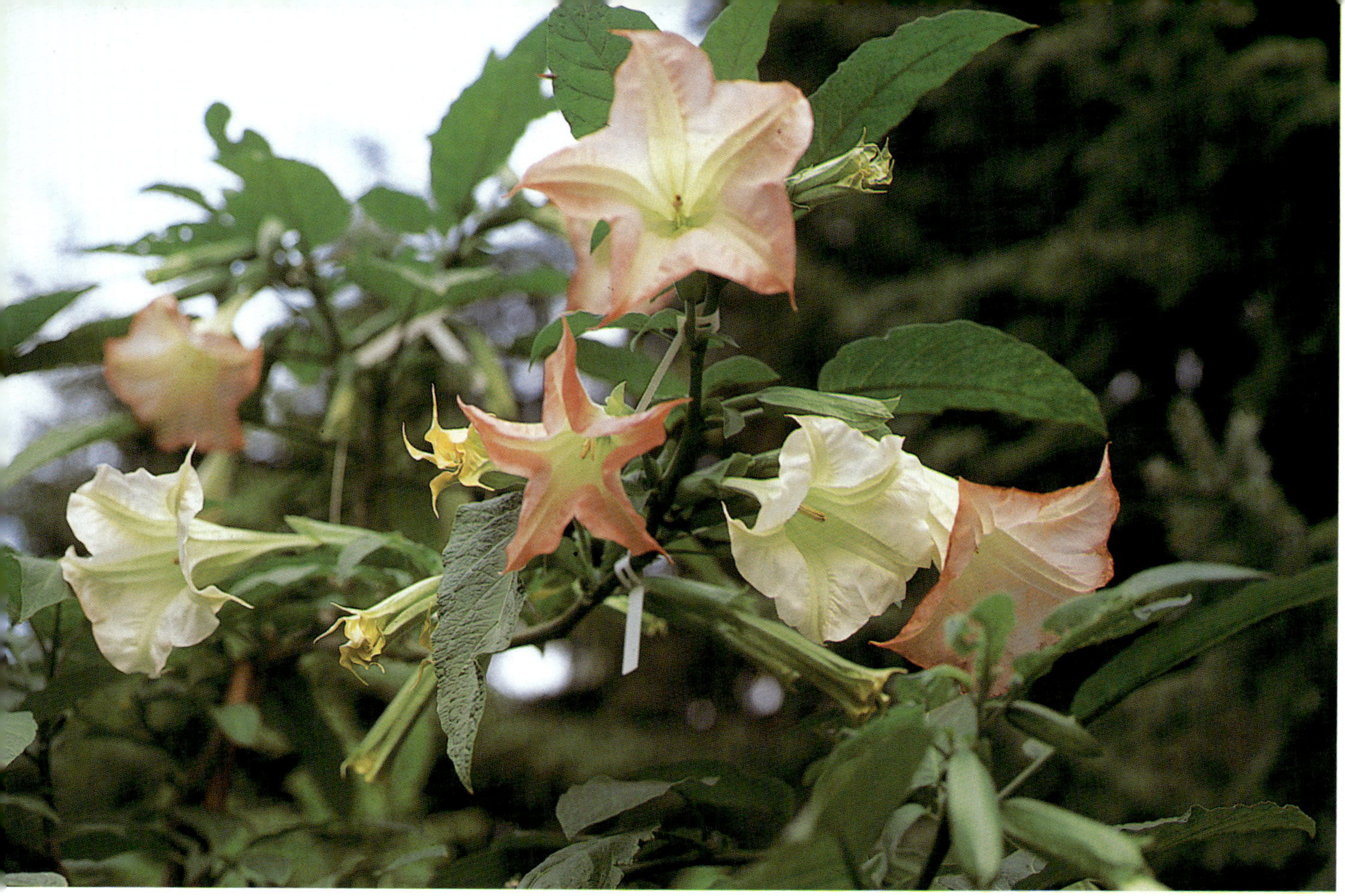

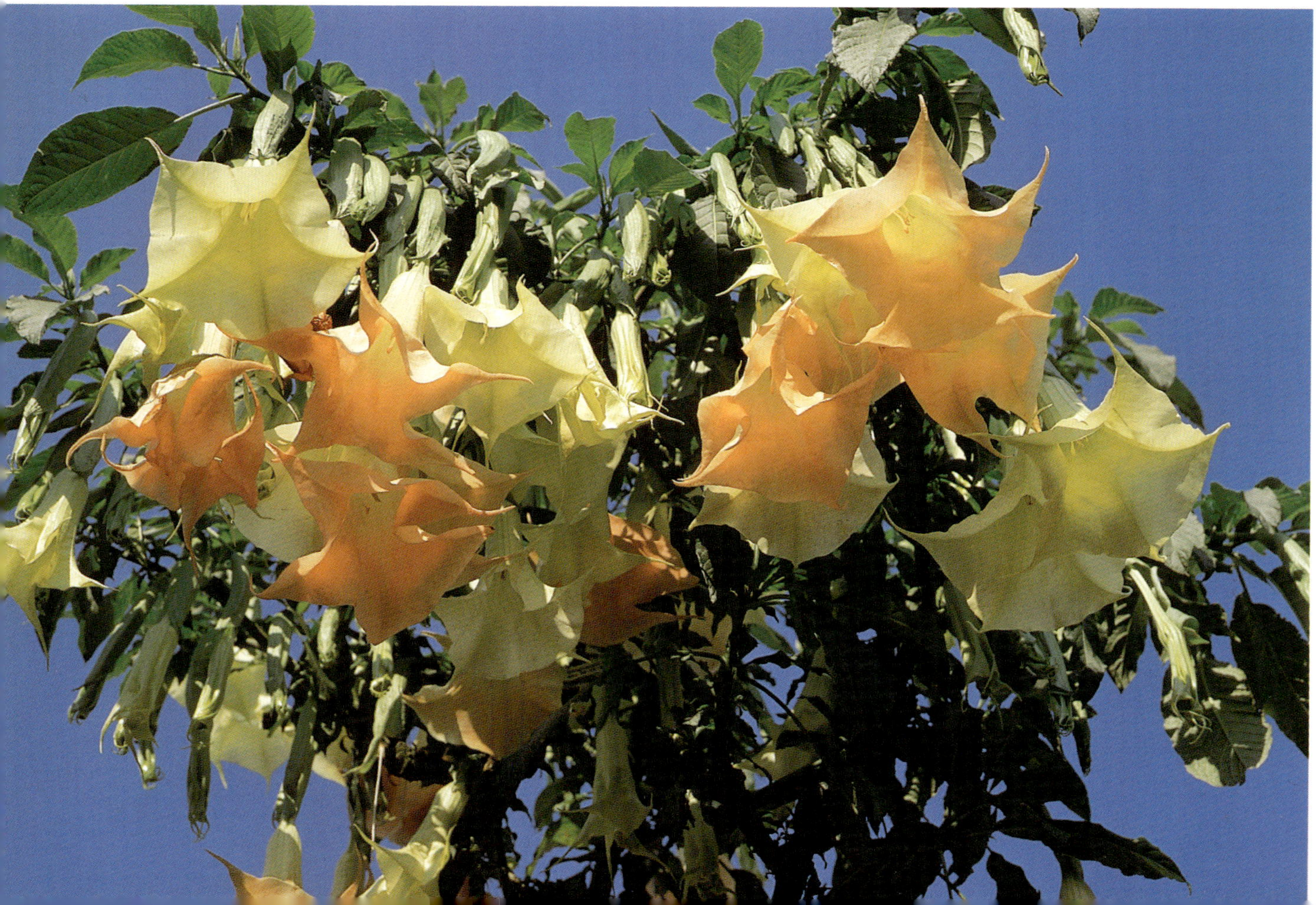

der Dämmerung statt und wird oft übersehen. Wer sich aber ein wenig Zeit dafür nimmt, kann beobachten, wie jede einzelne Blüte bereits nach wenigen Minuten damit beginnt, die Farbe zu wechseln.

## Veränderung der Duftintensität

„Meine Engelstrompeten duften aber viel stärker!" ist einer der Standardsätze der vielen Besucher der Herrenhäuser Gärten. „Sie sind zur falschen Tageszeit hier", möchte man ihnen darauf antworten, „spätestens in den frühen Abendstunden verwandelt sich der Nachtschattengang im Barockgarten in ein wahres Duftparadies." Die meisten Engelstrompeten werden am Naturstandort von Nachtfaltern bestäubt und ihnen allein gilt auch das berauschende Parfum der Pflanzen. So öffnen Brugmansien ihre neuen Blüten frühestens vom späten Nachmittag an bis weit in die Abendstunden hinein. Während dieser Zeit entströmt jeder einzelnen Blüte ein so starker Duft, daß er selbst noch über größere Distanzen hin wahrnehmbar ist. Schließlich soll er den Insekten den richtigen Weg weisen.

## Veränderung der Blattstellung

In den Abendstunden lassen sich an Brugmansien auch noch andere Beobachtungen machen. Wie viele andere Pflanzen können Engelstrompeten zu dieser Tageszeit eine für sie typische Schlafstellung einnehmen. Die Blätter von stark im Wachstum befindlichen Sproßspitzen verändern ihre waagerechte Haltung und stellen sich beinahe senkrecht nach oben. Auf diese Weise bewahren sie den äußerst empfindlichen Vegetationspunkt vor allzu starkem nächtlichen Wärmeverlust. Bereits in den frühen Morgenstunden – nach Sonnenaufgang – bewegen sich die Blätter wieder in ihre waagerechte Haltung zurück (siehe Abb. oben).

## Veränderung der Stellung der Blütenknospen

Ein noch nicht gelöstes Rätsel ist die Bewegung der Blütenknospen im Verlauf ihrer Entwicklung zur Blüte. In der ersten Phase stehen die Blütenknospen der Brugmansien immer senkrecht nach oben. Mit dem Größerwerden drehen sie

Oben links: *Brugmansia × flava*: Vor Einbruch der Nacht nehmen die Blätter ihre „Schlafstellung" ein. Rechts: *B. × flava*: Haltung der Blätter an der Sproßspitze während des Tages.

Linke Seite oben: In den frühen Abendstunden zeigt diese *B. suaveolens* ihren eindrucksvollen Farbwechsel von Gelb über Weiß nach Rosa. Unten: Während der Öffnung eines Blütenschubes zeigt diese *B. versicolor* neben apricotfarbenen vorübergehend auch hellgelbe Blüten.

sich nach und nach abwärts, bis sie schließlich senkrecht nach unten hängen. Die Blüten von *B. versicolor* haben damit ihre endgültige Lage erreicht. Nicht so jedoch Brugmansien mit einer nickenden bis waagrechten Blütenstellung. Besonders bei *B. suaveolens* kann man gut erkennen, daß die Blüten – bevor sie vollständig erblühen – entgegen der Schwerkraft wieder ein Stück nach oben gerichtet werden (siehe Abb. links).

## Veränderungen der Blütenblätter

Häufig können bei Brugmansien Veränderungen hinsichtlich der Zahl der Blütenblätter beobachtet werden. Neben normalen 5-teiligen Blüten findet man häufig solche mit 4 oder 6 Blütenblättern bzw. Blütenzipfeln. Selbst Blüten mit 10 zu einer Krone verwachsenen Blütenblättern wurden schon beobachtet (siehe Abb. links). Natürlich ziehen sie aufgrund ihres enormen Blütendurchmessers alle Aufmerksamkeit auf sich. Wird solch ein Phänomen an der ersten Blüte eines Sämlings beobachtet, hofft der stolze Züchter, daß auch alle folgenden Blüten so aussehen. Leider ist dies nicht der Fall: Die Erhöhung der Zahl der zu einer Krone zusammengewachsenen Blütenblätter ist kein stabiles Merkmal bei Engelstrompeten. Dagegen ist die Verdoppelung der Blütenkrone bei den gefüllt blühenden Sorten in aller Regel sehr zuverlässig. Aber auch hier gibt es Typen, bei denen an derselben Pflanze gleichzeitig gefüllte und einfache Blüten auftreten.

Brugmansien können auch Verkümmerungen der Blütenblätter aufweisen: So reduzieren sich viele Blütenblätter der *B.*-Aurea-Hybride 'Culebra' im Winterhalbjahr auf kurze, tiefgrüne und fadenförmige Gebilde. Erstaunlicherweise wird

Oben:
*B.-Versicolor*-Hybride f. *plena*: Mit dem Größerwerden drehen sich die Blütenknospen um 180°.
Rechts:
*B.*-Hybride: Neben normalen, 5-zipfeligen Blütenkronen findet man an der gleichen Pflanze nicht selten auch Blüten mit einer größeren Anzahl Zipfeln.

Unvollständige Blüten neben einer normal ausgebildeten Blüte bei *B. aurea* 'Tufino'.

die Entwicklung der Staubgefäße nicht beeinträchtigt, so daß die weißlichen Staubbeutel die auffälligste Erscheinung darstellen (siehe Seite 94).

Bei *B.* × *flava* kann man ab und zu beobachten, daß die Blütenknospen nur etwa 5 mm groß werden. Im Inneren solcher kleiner Knospen findet man dann nur unvollständig entwickelte Staubblätter. Gegen Ende der Entwicklung klappen die Spitzen der winzigen Kelchblätter nach außen. Dies ist offenbar ein Hinweis auf den Öffnungsmechanismus des Kelches.

Aber auch an ausgewachsenen Blüten lassen sich gelegentliche Unregelmäßigkeiten feststellen. So traten bei *B. aurea* 'Tufino' neben normal ausgebildeten Blüten solche auf, deren Blütenblätter teilweise reduziert waren, so daß die verwachsene Krone dekorative Löcher aufwies (siehe Abb. oben).

## Veränderungen der Blüten- und Blattgröße

Bei fast allen während der Wintermonate im Gewächshaus blühenden Brugmansien-Arten sind die Winterblüten ein Drittel bis ein Viertel kleiner als die vergleichbaren Sommerblüten. Im Gegensatz dazu weisen viele Blätter während ihres Winterwachstums eine um ein Drittel bis ein Viertel vergrößerte Fläche auf. Die Blattgröße ist allerdings auch stark von der Nährstoffversorgung abhängig.

## Veränderung des Blühverhaltens

Durch hohe Sommertemperaturen wird bei den meisten *B. sanguinea*-Typen die Blütenentwicklung gehemmt und bereits angelegte Blütenknospen werden abgeworfen. Bei den wenigen Ausnahmen

Winterblüten der *B.*-Aurea-Hybride 'Culebra' mit grünen, fadenförmigen Blütenblättern.

dieser Art, die auch während warmer Sommermonate Blüten ausbilden, öffnet sich häufig der Kelch so spät, daß die Blüte bereits stark geschädigt wurde. Die oft gerollten und zusammengefalteten Blütenkronen erscheinen dann unvollständig ausgebildet und verkrüppelt. Im Herbst öffnen sich die Kelche an den gleichen Pflanzen wieder rechtzeitig, so daß sich völlig normal ausgebildete Blüten entwickeln können.

Leider hat sich bei verschiedenen Kreuzungsversuchen von *B. sanguinea* mit *B. arborea* gezeigt, daß die Eigenschaft des Nichtöffnens des Kelches vererbbar ist. Bei einigen, sonst sehr schönen Pflanzentypen tritt sie verstärkt auf. Hier ist es unbedingt erforderlich, den Kelch rechtzeitig von Hand zu öffnen, da die Blüte sonst im Kelchinneren in ihrer Entwicklung gestört wird und verfault. Das Öffnen des Kelches geschieht am einfachsten durch ein vorsichtiges Einreißen der Spitze. Durch dieses verfrühte Öffnen des Kelches ergeben sich keinerlei Nachteile für die Entwicklung der Blüte.

## Eintrocknen des Blütensaumes

Bei allen Engelstrompeten mit dünnwandigen Blütenkronen wie *B. suaveolens*, *B.* × *insignis*, existieren Typen, deren Blütensaum bereits kurz nach dem Aufblühen der Knospe vom unteren Rand her einzutrocknen beginnt. Diese sicher unangenehme Eigenschaft ist typenbedingt.

## Gelbwerden der Blätter und Blattfall

Leider vergilben während der gesamten Kulturperiode, fortlaufend oder in zeitlichen Abständen, größere Mengen Blätter und werden abgeworfen. Als ursprüngliche Bewohnerin der äquatorialen Zone unterliegen Engelstrompeten nicht den strengen Ruhe- und Wachstumsphasen, die bei uns durch den Wechsel von Winter und Sommer vorgegeben sind. Aus diesem Grund erfolgt auch kein einmaliger Blattfall, wie er bei unseren heimischen Pflanzen im Herbst zu beobachten ist. Bei Brugmansien folgt dem ständigen Neuzuwachs an frischem Blattwerk ein ständiges Abwerfen der verbrauchten, für die Pflanze unnütz gewordenen Blätter. Diese für den Pflanzenfreund unerfreuliche Eigenschaft kann deshalb durch keine spezielle Kulturmaßnahme verhindert werden.

Allerdings hat sich bei der Züchtung von Engelstrompeten bereits gezeigt, daß durchaus Pflanzentypen entstehen können, deren Laub lange grün bleibt und kaum abgeworfen wird. Diese überaus wünschenswerte Eigenschaft weiter zu verbreiten, bleibt den künftigen Neuzüchtungen vorbehalten.

Eine mangelhafte Nährstoffversorgung begünstigt aber den Blattfall.

# Krankheiten und Schädlinge

Wer nur wenige Engelstrompeten besitzt, wird selten ernsthafte Probleme mit Krankheiten oder Schädlingen haben. Je umfangreicher eine Sammlung jedoch wird, desto größer ist die Wahrscheinlichkeit des Auftretens von Schaderregern. Eine gezielte Abwehr erscheint in diesem Fall unumgänglich.

Zwischen den einzelnen Arten und Sorten bestehen durchaus Unterschiede hinsichtlich ihrer Empfindlichkeit gegenüber Krankheiten und Schädlingen. Als widerstandsfähigste Arten haben sich *B. arborea* und *B. aurea* erwiesen. Werden sie jedoch unter Bedingungen kultiviert, die den Schaderregern besonders zusagen und bei denen sie ständig deren Attacken ausgesetzt sind, werden auch sie letztendlich befallen. So findet man Spinnmilben besonders häufig auf Pflanzen, die an einer Hauswand unter einem Dachüberstand kultiviert werden, wo es trocken und warm ist.

In aller Regel fügt ein geringer Befall von Thripsen, Weißen Fliegen, Blattläusen, Zikaden oder Wanzen den Brugmansien noch keinen allzu großen Schaden zu. Die eher geringen Schäden ihrer Saugtätigkeit lassen sich bei den schnell wachsenden Engelstrompeten leicht verschmerzen. Befindet sich jedoch in dem Kübelpflanzenbestand auch nur eine viruskranke Pflanze, kann selbst der geringste Befall mit diesen Krankheitserregern bereits fatale Folgen haben. Mit großer Wahrscheinlichkeit übertragen sich die Viren auf alle anderen Brugmansien – und da Virusbefall nicht heilbar ist, muß mit dem Verlust aller infizierten Pflanzen gerechnet werden.

Aus diesem Grund sollten den Pflanzen immer Kulturbedingungen zur Verfügung stehen, unter denen der Infektions- und Befallsdruck von Krankheiten und Schädlingen möglichst gering ist. Auch hier gilt das Motto: Vorbeugen ist besser als heilen.

Wenn aber eine „Heilung" notwendig ist, sollte man sich am besten beim nächsten Pflanzenschutzamt über die derzeit empfohlenen Bekämpfungsmethoden informieren – sei es der Einsatz von Nützlingen oder die Spritzung mit chemischen Pflanzenbehandlungsmitteln. Weil der Markt dieser Präparate sowohl seitens der Hersteller als auch aufgrund gesetzlicher Bestimmungen ständigen Veränderungen unterworfen ist, wird hier auf die Nennung einzelner Präparate weitgehend verzichtet.

## Viruskrankheiten

Am empfänglichsten für Virusbefall sind *B. sanguinea* und ihre Hybriden, *B.* × *flava* und *B.* × *candida*. Viruskranke Pflanzen sind nicht nur aus gärtnerischer Kultur bekannt, auch an ihren Heimatstandorten werden Brugmansien – besonders *B. sanguinea* – von den verschiedensten Viren befallen. So wurde an *B. sanguinea* und *B.* × *candida* aus dem Sibundoy Valley in

> Optimale Kulturbedingungen schützen vor Krankheiten und Schädlingen.

Links:
*Brugmansia × candida*: Die mosaikartigen Virussymptome offenbaren sich zuerst an den jüngeren Blättern.
Rechts:
*Brugmansia sanguinea*: Bei starkem Befall geht die Viruskrankheit auch auf die Blüten über.

Kolumbien ein Virus entdeckt, das den Namen „Colombian Datura Potyvirus" erhielt. Weitere Viren, die aus Daturen oder Brugmansien isoliert wurden, sind „Datura wilt virus", „Datura distortion mosaic virus", „Datura quercina virus", „Datura rugose leaf-curl virus" und „Datura malformation virus". Diese sicher noch unvollständige Aufzählung zeigt bereits eindrucksvoll, daß Brugmansien, die früher noch zu *Datura* gerechnet wurden, Wirtspflanzen für zahlreiche Viren sind. Dies macht sie zu wichtigen Untersuchungsobjekten für die Virusforschung. Hier dienen sie als Testpflanzen zum Nachweis von Viren.

Die Symptome von Viruskrankheiten können äußerst vielgestaltig sein. In der Regel zeigt sich eine Infektion zuerst an den Blättern im Bereich der Sproßspitzen. Als häufigstes Symptom erscheint ein mosaikartiges Muster aus hell- und dunkelgrünen Flecken. In späteren Stadien nimmt der Farbkontrast des Mosaikmusters zu, und die dunkelgrünen Flecke, die sich zwischen den Blattadern befinden, wölben sich unregelmäßig auf. Bei besonders starkem Befall geht die Krankheit zusätzlich auf die Blüten über. Auch sie zeigen dann die typische mosaikartige Sprenkelung verbunden mit einer deutlichen Vergrünung der Kronröhre. Spätestens in diesem Stadium kann man starke Verkrüppelungen an den jüngsten Blättern und ein stark gehemmtes Wachstum der gesamten Pflanze beobachten. Diese Hemmung betrifft auch das Wurzelwachstum. So kann man immer wieder feststellen, daß Stecklinge von viruskranken *B. sanguinea* oder *B. × flava* keine Wurzeln bilden.

Werden viruskranke Pflanzen während der sommerlichen Vegetationsperiode optimal mit Wasser und Nährstoffen versorgt, können sie ohne erkennbares Krankheitsbild bleiben. Diese Erfahrung mußte schon so mancher Käufer der gefüllt blühenden Sorte *B. × candida* 'Tutu' machen, die leider oft viruskrank ist. Unter optimalen Bedingungen im Gewächshaus gezogene Pflanzen zeigen in aller Regel nur selten Krankheitssymptome. Erst zu Beginn des Winters, wenn die Pflanzen ihr Wachstum vermindern, zeigen die Blätter nach und nach das untrügliche mosaikartige Muster.

Brugmansien können offensichtlich mit den Viren, die eine mosaikartige Flekkung der Blätter hervorrufen, leben. In manchen Jahren zeigen sich die Krankheitssymptome schwächer, in anderen wieder stärker. Dieses Auf und Ab führt in aller Regel aber nicht zum Absterben der Pflanzen.

Anders ist dies bei einer Krankheit, die durch das Tomatenbronzeflecken-Virus (Tomato spotted wilt virus) hervorgerufen werden soll. Auf den Stengeln erscheinen zuerst bräunliche, nekrotische Flecken. Innerhalb weniger Tage welken die sich oberhalb der Flecken befindenden Stengelpartien und sterben ab. An den noch lebenden Zweigen können einige Notaustriebe erscheinen, die allerdings schwachwüchsig sind und deren Blätter ein unregelmäßiges Muster aus hellgrünen und normal grünen Zonen aufweisen. Im Zeitraum von nur wenigen Wochen führt diese Krankheit zum sicheren Tod der Pflanzen.

Beobachtet wurde diese gefährliche Virusinfektion bisher nur in Sammlungen, die während des Winters hell und warm in einem Gewächshaus kultiviert wurden. Das ist insofern nicht verwunderlich, als die Überträger des Tomatenbronzeflekken-Virus nur dort ganzjährig aktiv sind. Es handelt sich um die verschiedenen Thrips-Arten, insbesondere um den Kalifornischen Blütenthrips *(Frankliniella occidentalis)* und den Zwiebel- oder Tabakthrips *(Thrips tabaci)*. Die Larven der Thripse nehmen aus den kranken Pflanzen das Virus mit ihren stechend-saugenden Mundwerkzeugen auf und können es im Extremfall ein Leben lang auf weitere Pflanzen übertragen.

Aufgrund ihrer versteckten Lebensweise und der geringen Größe – die erwachsenen, bräunlich gefärbten Tiere werden lediglich 1,5 mm lang – sind diese Insekten nur sehr schwer auszumachen.

*Brugmansia sanguinea*: Solche nekrotische Flecken an den Stengeln können ein Symptom des Tomatenbronzeflecken-Virus sein.

Man kann allerdings davon ausgehen, daß sie in nahezu jedem Gewächshaus vorhanden sind. Der Kalifornische Blütenthrips läßt sich leicht durch das Aufhängen von beleimten Blautafeln nachweisen. Die Thripse fliegen bevorzugt auf diese Farbe und bleiben dann an der klebrigen Oberfläche hängen. Auf diese Weise erreicht man nicht nur eine sichere Erkennung des Schädlings sondern auch eine erste Befallsreduzierung. Bei besonders starkem Auftreten von Thripsen sollte eine Spritzung mit einem dafür geeigneten Insektizid in Erwägung gezogen werden.

Die Bekämpfung von Virusüberträgern ist eine der wichtigsten Maßnahmen, um die Ausbreitung von Viruskrankheiten zu verhindern. Neben den Thripsen kommen bei Brugmansien als wichtigste tierische Virusüberträger Blattläuse, Wanzen, Weiße Fliegen und Zikaden in Betracht. Dabei erfolgt die Übertragung nicht nur innerhalb des Kübelpflanzenbestandes. Während des Freilandaufenthaltes der Pflanzen im Sommer kann eine Übertragung auch von kranken Gartenpflanzen ausgehen.

Auch durch unbeabsichtigte Verletzungen der Außenhaut (zum Beispiel durch abgebrochene Pflanzenhaare) im Zuge von Kulturarbeiten können Viren auf mechanischem Wege übertragen werden. Aus diesem Grunde sollte man nie gesunde Pflanzen nach dem Kontakt mit kranken Pflanzen berühren; auch Hände oder Handschuhe können geringste Mengen von infiziertem Pflanzensaft übertragen. In erheblichem Ausmaß können Viruskrankheiten auch im Rahmen der Stecklingsvermehrung verbreitet werden: Kommt das für den Stecklingsschnitt verwendete Messer erst einmal mit dem Saft einer kranken Pflanze in Kontakt, wird es zu einer idealen Infektionsquelle für alle nachfolgenden Stecklinge.

Hygiene bei der Vermehrung, sorgfältige Auswahl gesunder Mutterpflanzen und Vernichtung aller viruskranken Pflanzen (nie auf dem Kompost) sind unverzichtbare Maßnahmen zur Bekämpfung von Virosen. Hier gilt es, die Erstinfektion mit Viren zu vermeiden, da einmal viruskrank gewordene Pflanzen sich nicht mit herkömmlichen Mitteln heilen lassen. Bei besonders wertvollen Pflanzen kann man sich der Hilfe von Labors bedienen, die sich auf Gewebekulturtechnik spezialisiert haben. Durch Isolierung von mikroskopisch kleinen Meristemen der Sproßspitzen ist es möglich, wieder virusfreie Pflanzen von einer bereits infizierten Sorte zu erhalten.

# Pilzkrankheiten

In letzter Zeit treten gehäuft Krankheiten bei Brugmansien auf, die offensichtlich durch schädigende Pilze hervorgerufen werden. Leider liegen zur Zeit weder über die Erreger noch über deren Bekämpfung brauchbare wissenschaftliche Ergebnisse vor, so daß an dieser Stelle nur die Krankheitssymptome beschrieben werden können.

## Stengelfäule

Stengelfäule ist eine äußerst ernst zu nehmende Erkrankung, von der insbesondere *B. suaveolens* und alle unter Beteiligung von *B. suaveolens* entstandenen Brugmansien-Hybriden befallen werden können. Auf den Zweigen zeigen sich zunächst glasig-schwärzliche Flecken, die nach und nach eintrocknen und sich dabei hellbraun verfärben. Die Flecken erstrecken sich zunächst in Längsrichtung der Sprosse, können aber nach und nach auch den gesamten Stengelbereich umfassen. Die Blätter der befallenen Pflanzenteile rollen ihre Blattränder nach unten ein und werden brüchig. Im Extremfall sterben die befallenen Zweigpartien ab.

Aufgrund von Voruntersuchungen könnten Pilzarten aus den Gattungen *Phoma* oder *Verticillium* die Ursachen dieser Krankheit sein. Erste Beobachtungen zeigen, daß ihre Eindämmung durch mehrfache Spritzungen mit den Fungiziden Rovral und Ronilan möglich ist.

## Blattfleckenkrankheit

Einzelne Brugmansien werden innerhalb weniger Tage von einer Blattfleckenkrankheit erfaßt, in deren Verlauf eine große Anzahl der Blätter abgeworfen wird. Zuerst erscheinen auf diesen Blättern dunkelgrüne, rundliche Flecken mit einer hellen Mitte. Nach und nach trocknen diese Flächen ein und werden braun; das trockene Gewebe kann herausbre-

Links:
*Brugmansia suaveolens*: Hellbraune, mit einem glasig-schwärzlichen Rand umgebene Symptome der Stengelfäule.
Rechts:
Blattfleckenkrankheit an *B.* × *flava*.

chen und Fehlstellen hinterlassen. Im weiteren Verlauf vertrocknen die Blätter mehr und mehr, biegen sich nach unten und fallen schließlich ab. Durch neues Wachstum erholen sich die Pflanzen jedoch innerhalb weniger Wochen wieder von dieser Krankheit.

## Schädlinge

### Blattwanzen

Die bei uns im Freiland vorkommende Grüne Futterwanze *(Lygus pabulinus)* hat offensichtlich eine große Vorliebe für Brugmansien, insbesondere für alle Sorten und Hybriden von *B. suaveolens*. Von Anfang Juni bis weit in den August hinein – in der wärmsten Zeit des Jahres – können diese Insekten an den im Freien stehenden Engelstrompeten erhebliche und sehr unschöne Schäden an jungen Blättern und den noch weichen Sproßspitzen verursachen.

Zu Beginn des Befalls erscheinen nur winzige, gelblich bis bräunlich gefärbte Punkte. Diese anfangs nur unbedeutenden Saugstellen hemmen – aufgrund des für die Pflanzen giftigen Wanzenspeichels – das normale Blattwachstum dermaßen, daß vollständig deformierte und unregelmäßig gewachsene Blätter mit großen Fehlstellen die Folge sind. Manchmal finden sich zu diesem Zeitpunkt bereits keine Blattwanzen mehr auf den Brugmansien, und man sucht nun vergebens nach dem vermeintlich „stark fressenden" Schädling.

Aber auch wenn Blattwanzen vorhanden sind, ist es schwer, diese meist nur in geringer Zahl vorkommenden und versteckt lebenden Tiere zu entdecken. Während des Tages sind sie äußerst lebhaft: Sobald man sich ihnen nähert, verschwinden die Larven blitzschnell auf die schützende Blattunterseite oder zwischen die jungen Blätter der Sproßspitze. Die erwachsenen Tiere fliegen davon oder lassen sich einfach zu Boden fallen. Mehr Erfolg verspricht die Suche in den frühen

Links:
Blattdeformationen durch Blattwanzen an *Brugmansia suaveolens*.
Rechts:
Gelbliche Sprenkelung der Blätter durch Spinnmilben.

Morgenstunden, wenn die Blattwanzen infolge der nächtlichen Kühle ihre volle Beweglichkeit noch nicht wiedererlangt haben.

Die erwachsene Grüne Futterwanze ist ein sechsbeiniges, eher flaches und bis zu 5 mm langes, gelbgrünes Insekt mit zwei dem Körper eng anliegenden Flügelpaaren. Ihre Larve, die auf den ersten Blick einer riesigen Blattlaus ähnelt, ist nahezu gleich groß.

Für die Vermehrung der Blattwanzen sind warme und trockene Jahre besonders günstig. Bekämpfungsmaßnahmen zeigen jedoch nur Erfolge, wenn sie frühzeitig, das heißt, bereits bei beginnender Saugtätigkeit der Wanzen durchgeführt werden. Nur zu diesem Zweck spritzt man während der noch kühlen Morgenstunden mit einem dafür geeigneten Insektizid. Zu diesem Zeitpunkt haben die sonst so beweglichen Blattwanzen ihre volle Schnelligkeit noch nicht wiedererlangt und sitzen ruhig auf den Blattunterseiten.

Leider muß man jederzeit wieder mit erneutem Zuflug der Tiere aus der näheren Umgebung rechnen. Eine einmalige Spritzung kann deshalb nie einen dauerhaften Erfolg garantieren. Ständige Kontrolle ist unerläßlich.

### Spinnmilben

Sowohl während der Überwinterung im Gewächshaus als auch während des sommerlichen Freilandaufenthaltes können Spinnmilben zu äußerst unangenehmen Schädlingen werden. Vor allem während warmer Sommermonate, wenn die Pflanzen an ihrem sommerlichen Standplatz durch einen Dachüberstand vor Feuchtigkeit geschützt werden, finden diese nur etwa 0,5 mm lang werdenden Spinnentiere günstige Vermehrungsbedingungen. Schon bald beschränkt sich ihr Aufenthalt nicht nur auf die Blattunterseiten, sondern auch die jungen Blätter an den Sproßspitzen werden gehäuft mit ihrem feinen Gespinst überzogen.

Spinnmilben stechen das Blattgewebe an und besaugen die Zellen. Dies führt zur Bildung von silbrig bis hellgelb schimmernden Sprenkeln, die nach und nach die gesamte Blattfläche bedecken. Bei sehr starkem Befall können die Blätter vertrocknen und abfallen.

Bei einer Bekämpfung ist zu beachten, daß neben den erwachsenen Tieren auch Larven und Eier ausreichend erfaßt werden. Dementsprechend sollten die Spritzungen mit einem Akarizid in regelmäßigen Abständen wiederholt werden.

## Blattläuse

Von den etwa 800 Blattlausarten, die in Deutschland vorkommen, sind viele auch auf Brugmansien zu finden. Zu starken Schäden kommt es jedoch nur, wenn die Sproßspitzen dicht mit diesen stechend-saugenden Schädlingen besetzt sind. Ein schwacher Blattlausbefall wird infolge des starken Wachstums der Engelstrompeten in aller Regel keine sichtbaren Schäden an den Pflanzen hervorrufen – es sei denn durch die Übertragung von Viruskrankheiten. Diese sind allerdings immer schwerwiegend.

## Weiße Fliegen (Mottenschildläuse)

Weiße Fliegen sind in erster Linie Gewächshausschädlinge, da sie nur dort günstige Überwinterungsmöglichkeiten vorfinden. Mit den Kübelpflanzen gelangen sie im Frühjahr ins Freie und können sich auch dort – besonders in einem trocken-warmen Sommer – zu einem unangenehmen Massenschädling entwickeln. Die bis 1,5 mm großen, an ihren weißen Flügeln leicht zu erkennenden Insekten sitzen meist an den Blattunterseiten. Ihre Saugschäden ähneln denen der Spinnmilben, sind jedoch deutlich grobfleckiger.

## Raupen und Schnecken

Häufig werden an Engelstrompeten auch „echte" Fraßschäden beobachtet. Neben den verschiedenen Raupen handelt es sich bei den Verursachern größtenteils um Nacktschnecken. Das typische Schadbild zeigt mehr oder weniger große Löcher an vorher völlig intakten Blättern und Blüten. Dabei darf man die Fähigkeit der Schnecken, auch größere Distanzen zurückzulegen, nicht unterschätzen. Tagsüber verstecken sich die Tiere meist unter oder im Kübel (auch im Überwinterungsquartier) und verlassen ihn ausschließlich nachts zur Nahrungssuche. An der Schleimspur lassen sich die oft beachtlichen Wege zurückverfolgen.

## Nichtparasitäre Erkrankungen

### Korkwucherungen

Korkwucherungen kommen an den verschiedensten Zierpflanzen vor. Ursache ist meist zu hohe Luftfeuchtigkeit, eine Störung des Stoffwechsels, aber auch die Saugtätigkeit von Milben oder Thripsen.

Für die Korkwucherungen der Brugmansien erscheinen diese Ursachen wenig wahrscheinlich. Andererseits gibt es noch keinen konkreten Hinweis auf einen speziellen Faktor, der die Korkwucherungen am Stamm verursacht.

Normalerweise bleibt die Rinde der Brugmansienstämme auch im Alter vollständig glatt; sie bildet keine oberflächlich zerrissene Borke wie bei vielen Bäumen. Ausgehend von runden und schwielig aufgetriebenen Flecken kann man jedoch manchmal eine starke Korkbildung auch an älteren Stammteilen von Engelstrompeten beobachten. Ihr Stamm bekommt dadurch eine verblüffende Ähnlichkeit mit der Borke des Mandschurischen Korkbaumes *(Phellodendron amurense)*. Bei Brugmansien gehört diese Korkbildung nicht zum normalen Dickenwachstum des Stammes, es ist offensichtlich eine krankhafte Erscheinung, die Dickenwachstum und Langlebigkeit der befallenen Stämme beeinträchtigen. Besonders betroffen sind *B. suaveolens* und ihre Hybriden.

*Datura*

# Datura – Heil- und Zauberpflanze für jedermann

Vorige Seite:
*Datura inoxia* in einem Vorgarten, Beschreibung Seite 115.

Inhaltsstoffe der Daturen.

Ein indianische Legende erzählt: „Vor langer, langer Zeit lebte tief im Innern der Erde ein Geschwisterpaar. Der Knabe hieß A'neglakya und das Mädchen A'neglakyatsi'tsa. Beide kamen oft an die Erdoberfläche und wanderten umher. Dabei achteten sie auf alles, was sie sahen und hörten, um es dann ihrer Mutter zu berichten. Das aber mißfiel den göttlichen Zwillingssöhnen des Sonnenvaters. Als sie eines Tages A'neglakya und A'neglakyatsi'tsa begegneten, fragten sie diese: „Wie geht es euch?" „Wir sind glücklich", antworteten die Geschwister, und sie erzählten den göttlichen Zwillingssöhnen, wie sie die Menschen dazu bringen konnten, in Schlaf zu fallen oder Geister zu sehen oder unruhig umherzugehen und zu erkennen, wer einen Diebstahl begangen hatte. Nach dieser Begegnung waren sich die Göttlichen einig, daß A'neglakya und A'neglakyatsi'tsa zuviel wußten, und sie verbannten die beiden für immer ins Innere der Erde. Blüten erschienen an der Stelle, wo die Kinder hinabgestiegen waren – genau die gleichen Blüten, die sie bei ihren Besuchen auf der Erde an ihren Schläfen getragen hatten. Die göttlichen Zwillingssöhne nannten die Pflanze a'neglakya, nach dem Namen des Knaben. Seit jener Zeit haben sich zahlreiche Kinder der Urpflanze über die ganze Erde verstreut. Einige ihrer Blüten sind gelblich, einige bläulich oder rötlich getönt, entsprechend den Farben der vier Himmelsrichtungen."

Nicht alle Völker beschrieben die Entstehungsgeschichte der *Datura* so poetisch wie die Zuñi-Indianer die ihrer *Datura inoxia*. Ihre Nutzung als Arzneimittel und Halluzinogen war jedoch seit altersher weltweit bekannt.

Verwendet wurden nahezu alle Pflanzenteile von *Datura*. Wie bei vielen anderen Nachtschattengewächsen auch, enthalten sie hohe Konzentrationen der verschiedensten Tropanalkaloide, wie Scopolamin, Hyoscyamin oder Atropin. Eine besondere Problematik ergibt sich dadurch, daß sowohl der Gesamtalkaloidgehalt, als auch seine Zusammensetzung abhängig sind vom Alter der Pflanze, ihrem Standort und der Witterung, wobei insbesondere der Sonneneinstrahlung hohe Bedeutung beigemessen werden muß. *Datura* aus tropischen Zonen können vier- bis fünfmal so viele Wirkstoffe enthalten wie die aus nordischen Ländern. Innerhalb der Pflanze findet man die höchsten Alkaloidkonzentrationen in den Blüten und den Samen; Blätter, Wurzel und Sproßteile weisen dagegen einen deutlich geringeren Gehalt auf.

Die stark variierenden Konzentrationen der Inhaltsstoffe trugen dazu bei, daß sich die Verwendung von *Datura* als Medikament äußerst schwierig gestaltete. Exakte Dosierungen, die bei dem Gebrauch solch hochgiftiger Pflanzen unbedingt nötig waren, erforderten viel Erfahrung und genaue Pflanzenkenntnisse des Anwenders, sollte durch die

Behandlung kein Schaden entstehen. Kräutergelehrte genossen aufgrund dessen hohes Ansehen bei der Bevölkerung. Sie setzten *Datura* als wirksames Schmerzmittel gegen Fiebererkrankungen, bei Tumoren, Brustentzündungen, Hautkrankheiten und als Heilmittel gegen Geistesgestörtheit ein. Auch heute noch nutzt man die verschiedensten *Datura*-Arten für medizinische Zwecke. So wird aus den getrockneten Blättern Scopolamin gewonnen, das der pharmazeutischen Industrie als Ausgangssubstanz für Spasmolytika dient.

Große Bedeutung erlangten die verschiedenen *Datura*-Arten durch ihre Eigenschaft, visuelle Halluzinationen zu erzeugen. Wie nach dem Genuß von Brugmansien konnte man sich die Bewußtseinsveränderung nach dem Verzehr von Daturateilen nur durch den Einfluß übernatürlicher, göttlicher Kräfte erklären. Was war demzufolge naheliegender, als *Datura* selbst zur Pflanze der Götter zu erheben. In Indien – der vermutlichen Heimat von *Datura metel* – wurde dhatura dem Hindugott Schiwa, dem Gott der Zerstörung geweiht. In China – wo *Datura* zwischen der Sung- und Ming-Dynastie (960–1644 n.Ch.) von Indien aus eingeführt worden war – erzählte man sich, daß während der Predigten Buddhas der Himmel alle Daturapflanzen mit Tau- oder Regentropfen benetzt hatte.

Aber auch in der neuen Welt wurden die Eigenschaften der dort heimischen *Datura*-Arten hoch geschätzt. SCHULTES und HOFMANN (1980) berichten vom Stamm der Tubatulobal:

„Knaben und Mädchen trinken Datura nach ihrer Pubertät, um 'das Leben zu erlangen', und Erwachsene führen mit Hilfe der Pflanze Visionen herbei. Man weicht die Wurzeln in Wasser auf und läßt sie zehn Stunden liegen; die Jugendlichen trinken große Mengen von dieser Lauge und fallen danach in einen von Halluzinationen begleiteten Zustand der Benommenheit, der bis zu 24 Stunden dauern kann. Taucht in diesen Visionen ein Tier auf – beispielsweise ein Adler oder ein Habicht – wird es für den Betroffenen zum 'Lieblingstier' oder geistigen Talisman für sein weiteres Leben; erblickt er dagegen 'das Leben', erwirbt er sich einen Schutzgeist. Dieser Geist kann, da er unsterblich ist, bei jeder gewünschten Gelegenheit erscheinen. Die Kinder dürfen das in der Datura-Vision erblickte 'Lieblingstier' nie töten, da es bei einer ernsten Erkrankung den Patienten besuchen und eine Heilung herbeiführen kann."

Noch heute wird *Datura* bei manchen Indianerstämmen so starke Kraft zugeschrieben, daß nur jemand, „der dazu befugt ist", sie beherrschen kann. Aus diesem Grund ist der Genuß „der Zauberpflanze" in aller Regel nur dem Medizinmann oder einem Heiler vorbehalten. Lediglich zu seltenen Zeremonien, wie bei dem oben geschilderten Initiationsritual, dürfen sich auch gewöhnliche Stammesmitglieder mittels *Datura* in die göttliche Trance versetzen.

Trotz der rituellen Verehrung, die ein Großteil der Bevölkerung *Datura* entgegenbrachte, scheuen sich andere nicht, die außergewöhnlichen Eigenschaften dieser Pflanze für ihre mißbräuchlichen, häufig sogar verbrecherischen Zwecke einzusetzen.

1949 berichtete Reko in seinem Werk über 'Magische Gifte' von dem in der Umgebung von Guanajuato (Mexiko) üblichen „Kettenrauchen", wobei Tabakzigaretten getrocknete Toloachiblätter beigemischt werden. Toloa ist der aztekische Begriff für „den Kopf neigen" und spielt auf die nickende Bewegung der Daturafrüchte an:

Verwendung in der Medizin.

„Es erzeugt zunächst Pulsbeschleunigung, Herzklopfen, Eingenommenheit des Kopfes, unsicheren Gang, kurz sogenannte „trockene Trunkenheit". Die Wiederholung des Genusses durch eine Zeit hindurch bewirkt Halluzinationen und führt schließlich zur Sucht. … Die Kranken taumeln schwach, schlapp, wie Alkoholtrunkene herum, solange sie nüchtern sind, werden aber stramm und rüstig und finden ihre alte Kraft, sobald sie wieder das Gift nehmen. Später tritt eine leichte, aber anhaltende Verblödung ein, die sich zunächst in einer Art Schwerhörigkeit, in einem, erst nach längerer Pause erfolgenden Erfassen des Gesagten, in Unwilligkeit und Reizbarkeit, schließlich aber in vollkommener Apathie gegen die Mitwelt manifestiert. Die Yaqui-Indianer nennen solche Leute Hiepsa-mucuchim, d.h. lebendige Leichname, und bezeichnen sie damit sehr treffend. Ihr Geist ist vollkommen gestorben, während der Körper noch weiterlebt."

Interessant ist in diesem Zusammenhang, daß DAVIS (1985) bei der Erforschung des Voodoo-Kultes auf Haiti auf eine Speise stieß, die man dem „Zombie" (afrik. für willenloses Werkzeug eines Zauberers) verabreichte. Dabei handelte es sich um einen Brei, der aus Süßkartoffeln, Zuckerrohrsirup und vor allem aus *Datura stramonium* bestand, die im Kreolischen treffenderweise als „Zombie-Gurke" bezeichnet wird.

In Indien waren die Thugs – eine räuberisch lebende und die Göttin Kali verehrende Sekte – dafür bekannt, Reisende zu einem Mahl, meist einem scharfen Curry, einzuladen. Dem Essen wurde gemahlener Stechapfelsamen beigemischt. Die so betäubten Opfer konnten dann – jeder Reaktion unfähig – in Ruhe ausgeraubt werden.

In verschiedenen Regionen Indiens war *Datura* ein beliebtes Suizid- und Mordgift. Allein das Staatlich Chemische Laboratorium in Agra untersuchte in den Jahren von 1950 bis 1965 2778 Todesfälle, die durch *Datura*-Arten verursacht worden waren.

Mit dem beginnenden 15. Jahrhundert fand *Datura* ihren Weg nach Westeuropa. Vermutlich waren die ersten Pflanzen im Gepäck von Sinti- und Romagruppen – der Name „Zigeunerkraut" für den Stechapfel ist in manchen Gegenden heute noch gebräuchlich. Sie schrieben *Datura* besondere Kräfte zu und verstreuten die Samen zur Abwehr von Dämonen. Aber auch die Pferdehändler kannten die verkaufsfördernde Wirkung dieser Pflanzen:

„Selbst die elendste Schindmähre soll feurig wie ein Vollblüter werden, wenn man ihr ein paar zusammengerollte Blätter in den Mastdarm steckt" (FROHNE und PFÄNDER 1982).

Noch bekannter wurde *Datura* als unverzichtbarer Bestandteil zahlreicher Hexensalben und Liebestränke. Neben der Tollkirsche (*Atropa belladonna*), dem Bilsenkraut (*Hyoscyamus niger*) und der Alraune (*Mandragora officinarum*) zählte der Stechapfel zu den klassischen Hexenkräutern. Seine Blätter und Samen wurden als Aphrodisiakum geraucht oder gemahlen zu Badezusätzen, Zauberpulver, Salben und Pomaden verarbeitet.

Wahre Wunder schrieb man einem Liebeszauber zu, der mit Toloache zubereitet wurde. Sein vielversprechender Ruf währt bis zum heutigen Tag. So wird in so mancher Dorfkirche Mexikos Santo Toloache – ein ehemals heidnischer Heiliger in heute christlichem Gewand verehrt. Der Überlieferung nach verhilft er dazu, in einer begehrten Person Liebe zu erwecken.

Natürlich können die hier aufgeführten Erzählungen über *Datura* nur ein verschwindend kleiner Teil von all den Geschichten, Mythen und Legenden

Unter der Bezeichnung „Igels-Kolben" oder „Stachelnüß" wurde 1613 im Großen Herbarium des Basilius Besler – Hortus Eystettensis – *Datura stramonium* abgebildet.

sein, die sich im Laufe der Jahrhunderte angesammelt haben. Allein die verschiedenen Rezepturen von Salben, Heilpulver und Liebestränken würden ein Buch füllen. Sie alle zeigen aber, welch große Bedeutung dem Stechapfel in der Vergangenheit beigemessen wurde.

Neben soviel Ehrfurcht vor seinen herausragenden Eigenschaften mag es vielleicht auch verständlich erscheinen, daß die Frage, woher diese Pflanzengattung ursprünglich stammt, in den Hintergrund getreten ist. So traten in jüngster Zeit Zweifel auf, ob *Datura metel* – als einzige tatsächlich im asiatischen bzw. afrikanischen Raum beheimatet war. Nachweislich stammen sonst alle anderen Daturen – wie auch alle Brugmansien – aus der Neuen Welt. Sollte es sich bei *D. metel* um eine der ersten Einwanderer aus Amerika handeln?

Bis zur endgültigen Klärung dieses Problems sollten wir uns an einer uralten taoistischen Legende erfreuen. Danach ist der ursprüngliche Name der Pflanze, die uns heute als *Datura metel* bekannt ist, der Name eines Zirkumpolarsterns. Alle von diesem Stern zur Erde gesandten Boten trugen einst eine ihrer Blüten in der Hand. So kam es, daß im Laufe der Zeit die Menschen der Pflanze den Namen des Sterns gaben.

# Gestalt und Aufbau der Stechäpfel

Hinsichtlich ihres Baues ähneln sich *Brugmansia* und *Datura* sehr stark. Das erstaunt nicht, sind sie doch nah miteinander verwandt. Gestalt und Aufbau von *Brugmansia* wurde auf den Seiten 18 bis 20 ausführlich dargestellt. Die bei *Datura* neu hinzukommenden Besonderheiten lassen sich am besten verstehen, wenn sie im Vergleich zu diesen, dem Leser schon bekannten Eigenschaften beschrieben werden. Gleichzeitig wird durch eine vergleichende Darstellung verdeutlicht, warum *Brugmansia* und *Datura* zwei verschiedene Gattungen sind (siehe Kapitel „Brugmansia und Datura – wie unterscheiden sie sich?" Seite 8).

Die bei den Brugmansien ausgeprägte Jugendphase, die nach der Keimung des Samens beginnt und mit der Bildung der ersten Blüte endet, ist bei Daturen wesentlich kürzer. Bereits nach Ausbildung von etwa vier Laubblättern, die auf die beiden linear geformten Keimblätter folgen, kann die Sproßspitze zur Blüte umgewandelt werden. Voraussetzung dafür ist allerdings, daß die Pflanzen eine tägliche Mindestlichtmenge erhalten, die sich aus dem Produkt der Bestrahlungsdauer und der Bestrahlungsstärke ergibt. Genaue Grenzwerte liegen dafür bislang nicht vor. Auch die Frage, ob die Tageslänge einen Einfluß auf die Blütenbildung einzelner Arten haben könnte (Photoperiodismus), ist offensichtlich noch nicht untersucht worden. Zwischen den Arten bestehen zumindest quantitative Unterschiede in ihren Ansprüchen an das Licht. So ist zu beobachten, daß *Datura metel* bei einer Zusatzbelichtung im Winter leichter zur Blüte kommt als *D. wrightii* oder *D. inoxia*. Die beiden letzteren werfen bei zuwenig Licht ihre bereits im Knospenstadium vorhandenen Blüten ab und es kommt nicht zur Ausbildung ausgewachsener Blüten. Von einem vorzeitigen Abwurf von Blütenknospen wurde bereits bei *Brugmansia sanguinea* berichtet, dort allerdings infolge zu hoher Temperaturen.

Der Übergang der vegetativen Sproßspitze in eine Blüte und der dadurch hervorgerufene Austrieb von Seitensprossen entspricht dem bei Brugmansien dargestellten Wachstumsschema (siehe Abb. Seite 18). Viel häufiger als bei Brugmansien folgt bei Daturen auf die Endblüte der Sproßspitze jedoch eine gabelige, sogenannte dichotome Verzweigung. Dies führt bei Daturen im allgemeinen zu einem stärker in die Breite gerichteten Habitus älterer Pflanzen.

Unter den natürlichen Lichtbedingungen des Winters, bei denen keine Blüen induziert werden, verzweigen sich Daturen in der Regel nicht. Auch das Stutzen von Sämlingen verbessert ihren Pflanzenaufbau kaum. Um kompakte, verzweigte Sämlingspflanzen zu produzieren, empfiehlt es sich deshalb, Aussaaten nicht vor Ende Februar vorzunehmen.

Daturen werden wegen ihrer Kurzlebigkeit und ihrer Verwendung als Sommerblumen vielfach als einjährige Pflanzen bezeichnet. Echte Einjahrespflanzen sterben grundsätzlich nach der Blüte und Samenbildung ab, auch wenn noch günstige Existenzbedingungen herrschen. Daturen zeigen zwar unter den schlechten Lichtverhältnissen des Winters eine deutliche Neigung zum Absterben, doch kann man sie – vor Frost geschützt – durchaus über mehrere Jahre erhalten.

Hinsichtlich des Blütenaufbaus haben Stechäpfel – abgesehen von der aufrechten Blütenhaltung – zwei Besonderheiten aufzuweisen. Die eine betrifft die Blütenkrone. Wie von den Brugmansien schon bekannt ist, besteht die Blütenkrone aus einer Röhre von fünf – in Ausnahmefällen auch von mehr als fünf – verwachsenen Blütenblättern. Die Mitte jedes Blütenblattes ist erkenntlich an drei in Längsrichtung verlaufenden Blütenadern. Die mittlere von ihnen endet in einer verlängerten Spitze, dem Saumzipfel. Bei Brugmansien findet man nur „echte" Saumzipfel, die aus einem verstärkten Wachstum der Blütenblattmitte resultieren. Bei manchen *Datura*-Arten treten auch an den Verwachsungsnähten der Blütenblätter kleine Zipfel auf. Diese – zwischen den Blütenblättern liegenden Ausbuchtungen – werden als „Interakuminalzipfel" bezeichnet.

Die zweite Besonderheit betrifft die Kelchblätter, die bei Brugmansien nach der Blütenöffnung keinerlei Wachstum mehr aufweisen – entweder sie verharren bis zur Fruchtreife in ihrem grünen Zustand (wie bei *Brugmansia sanguinea*) oder sie vertrocknen alsbald nach Befruchtung der Blüte (wie bei *B. suaveolens*). Bei *Datura* fällt der Kelch am Anfang der Fruchtentwicklung entweder vollständig ab oder an der Basis bleibt ein schmaler Ring erhalten. Dieser Ring wächst im Verlauf der Fruchtentwicklung zu einer auffälligen, dicken Scheibe heran (siehe Abb. Seite 8).

Die Fruchthülle ist bei allen Brugmansien fleischig bis mehlig. Sie umgibt zwei Samenkammern und zerfällt bei Reifung unregelmäßig in kleine Stücke. Bei *Datura* sind dagegen meistens vier Samenkammern vorhanden. Diese werden bei manchen Arten durch unregelmäßigen Zerfall der Fruchthülle freigegeben (*Datura metel*), bei anderen bildet sich eine feste Fruchthülle, die sich bei der Fruchtreife gleichmäßig öffnet (*Datura stramonium*). Die sich bei Reife gleichmäßig, an vorgegebenen Bruchstellen öffnende Frucht wird als Kapsel bezeichnet, während mehlig-fleischige Fruchthüllen ein Kennzeichen von Beerenfrüchten sind. Die Früchte einiger *Datura*-Arten (zum Beispiel *D. wrightii*) zerfallen in relativ große Stücke und stellen deshalb Zwischenformen zwischen Beeren und Kapseln dar. Dafür wurde der Begriff „Beerenkapsel" eingeführt.

Die äußere Beschaffenheit der Samen ist ein untrügliches Unterscheidungsmerkmal für die beiden Gattungen. Während *Datura* eine einfache, eher glatte Samenschale besitzt, werden *Brugmansia*-Samen von einer zusätzlichen, korkartigen Hülle umgeben, die die einzelnen Samen erheblich vergrößert. Dies ist zweifellos ein Vorteil für ihre Verbreitung durch fließendes Wasser und nicht selten findet man Engelstrompeten in ihren Heimatländern an Bächen. *Datura* wachsen in der Regel an trockeneren Standorten. Einige Arten nehmen zur Verbreitung ihrer Samen offensichtlich die Hilfe von Ameisen in Anspruch. An ihren Samen fallen weißliche Anhängsel am Samennabel (Hilum) ins Auge, die als Strophiolen oder Elaiosomen bezeichnet werden. Sie bestehen aus nährstoffreichem Gewebe, das die Pflanze den Ameisen als Nahrung anbietet und das der Anlaß für die Verschleppung der Samen durch die Ameisen ist.

# Wie bestimmt man Stechäpfel?

Links: Schema einer fünfzipfeligen Blütenkrone *(Datura stramonium)*.
Rechts: Schema einer zehnzipfeligen Blütenkrone *(Datura leichhardtii)*.

Die exakte Bestimmung eines Stechapfels ist nicht ganz einfach. Einerseits ähneln sich verschiedene Arten in ihrem Erscheinungsbild, wie Pflanzen von *D. wrightii* und *D. inoxia*, andererseits kann die Variationsbreite eines Merkmals innerhalb einer Art breit gefächert sein.

Auf die Problematik der Bestimmung von Pflanzen mit großer Variationsbreite innerhalb der Bestimmungsmerkmale wurde bereits im Kapitel über Engelstrompeten näher eingegangen. Eine überaus interessante Eigenschaft – nämlich abhängig vom jeweiligen Standort, die Pflanzengröße, Blattgröße und Blütengröße zu ändern – findet man leider auch bei Datura. So entwickelt sich der gleiche Stechapfel an halbschattigen, feuchten Standorten zu einem prächtig blühenden, etwa einen Meter hohen Busch, während er an sehr trockenen Plätzen zu einem 10 cm hohen, dünnen Pflänzchen mit nur einer kleinen Blüte und wenigen Miniaturblättchen heranreift.

Glücklicherweise setzen *Datura*, aufgrund ihrer Fähigkeit, sich selbst zu befruchten, auch an der noch so kleinsten Blüte Früchte mit keimfähigem Samen an. Diese Früchte und ihre spezielle Art und Weise, bei zunehmender Reife zu zerfallen oder sich zu öffnen, sind bei den verschiedenen *Datura*-Arten unterschiedlich ausgeprägt. Dank dieser arttypischen Eigenschaft bietet sich zur Bestimmung von *Datura* ein alternativer Bestimmungsschlüssel an.

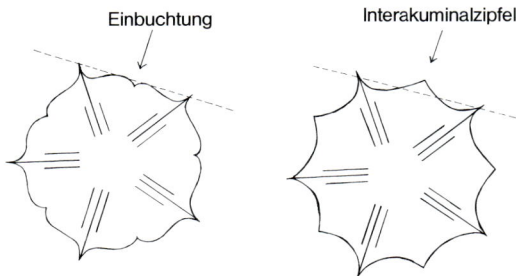

HAMMER, ROMEIKE und TITTEL haben 1983 einen solchen dichotomen Schlüssel erarbeitet. Er ermöglicht es auch dem Pflanzenliebhaber, die verschiedenen Arten relativ sicher zu bestimmen. Des besseren Verständnisses wegen werden die hierbei verwendeten Bestimmungseigenschaften nachfolgend kurz erläutert und teilweise im Bild dargestellt.

## Merkmale für die Bestimmung

| | |
|---|---|
| 1. Frucht | bestachelt |
| | mit konischen Höckern |
| | kahl |
| | bei Reife unregelmäßig zerfallend |
| | bei Reife regelmäßig, meist vierklappig öffnend (siehe Abb. Seite 111) |
| 2. Samen | Farbe |
| 3. Blüten | Farbe |
| | gefüllt oder einfach |
| | Größe |
| | Saum mit oder ohne Interakuminalzipfel, also fünf- oder zehnzipfelig (siehe Abb. Seite 110) |
| 4. Blätter und Sprosse | Behaarung |
| | Farbe |
| | Blattform |
| 5. Gesamtpflanze | Größe |

# Bestimmungsschlüssel
(verändert nach HAMMER, ROMEIKE und TITEL, 1983)

1 Pflanzen baumförmig, Blüten hängend oder nickend siehe *Brugmansia* Seite 13
1' Pflanzen krautig, teilweise verholzend, Blüten aufrecht 2
2 Früchte abwärts geneigt 3
2' Früchte aufrecht sec. Datura 8
3 Früchte kahl, bei der Reife unregelmäßig zerfallend sec. Ceratocaulis *D. ceratocaula*
3' Früchte bestachelt oder mit konischen Höckern sec. Dutra 4
4 Früchte regelmäßig vierklappig öffnend *D. discolor*
4' Früchte bei der Reife unregelmäßig zerfallend, selten ganz abfallend 5
5 Früchte mit konischen Höckern *D. metel*
    Blüten weiß oder gelb a
    Blüten violett bis rot (wenigstens teilweise) c
  a Blüten einfach, weiß var. *metel*
  a' Blüten gefüllt b
  b Blüten weiß var. *muricata*
  b' Blüten gelb var. *chlorantha*
  c Blüten einfach var. *rubra*
    violett f. *rubra*
    rot f. *sanguinea*
  c' Blüten gefüllt d
  d Blüten einfarbig violett oder rot var. *obscura*
    violett f. *obscura*
    rot f. *atropurpurea*
  d' Blüten außen violett oder rot, innen weiß var. *fastuosa*
    außen violett f. *fastuosa*
    außen rot f. *malabarica*
5' Früchte mit meist scharfen stechenden Stacheln 6
6 Blüten relativ klein, bis 7 cm lang, meist wenig öffnend *D. leichhardtii*
  Pflanzen meist höher als 0,5 m, Blätter und Sproß schwach behaart ssp. *leichhardtii*
  Pflanzen meist nicht höher als 0,5 m, Blätter und Sproß stärker behaart ssp. *pruinosa*
6' Blüten relativ groß, mehr als 10 cm lang 7
7 Interakuminalzipfel extrem kurz, Blütensaum gleichmäßig abgerundet, Blüten im oberen Abschnitt meist violett oder blaßviolett, Samen gelblich *D. wrightii*
7' Interakuminalzipfel länger, Blütensaum wellig, Samen mittelbraun *D. inoxia*
8 Frucht mit nahezu gleichmäßig langen Stacheln besetzt oder kahl *D. stramonium*
  a Pflanzen grün, Blüten weiß b

  a' Pflanzen anthocyan gefärbt, Blüten violett c
  b Frucht bestachelt (zuweilen kahle und bestachelte Früchte an einer Pflanze) var. *stramonium*
    Früchte alle bestachelt f. *stramonium*
    kahle und bestachelte Früchte an einer Pflanze f. *labilis*
  b' Frucht unbestachelt var. *inermis*
  c Frucht bestachelt var. *tatula*
    Anthocyanfärbung wenig ausgeprägt f. *tatula*
    Anthocyanfärbung stark ausgeprägt f. *bernhardii*
  c' Frucht unbestachelt var. *godronii*
8' Stacheln sehr kräftig, im oberen Fruchtteil länger 9
9 Obere Stacheln fast so lang wie die Fruchtkapsel, Blätter unregelmäßig bogig gezähnt *D. ferox*
9' Obere Stacheln von etwa ein Drittel der Länge der Frucht, Blätter tief buchtig gelappt *D. quercifolia*

sec. = Sectio, Sektion
ssp. = Subspecies, Unterart
var. = Varietas, Varietät
f. = Forma, Form

Sich regelmäßig öffnende (links u. Mitte) und unregelmäßig zerfallende (rechts) *Datura*-Früchte im Vergleich.

# Die Stechapfel-Wildarten

## Datura ceratocaula Ortega

Gegen Ende des 18. Jahrhunderts wuchs im Königlich Botanischen Garten von Madrid, Spanien, eine bis dahin botanisch noch unbenannte Pflanze heran. Das Saatgut hierfür hatte man in Kuba gesammelt. Aufgrund ihrer hornartig gebogenen Stengelabschnitte gab Ortega ihr 1797 den Namen *Datura ceratocaula* (ceratocaulus = hornstengelig).

Schon Jahrhunderte früher war diese einst aus Mexiko stammende Pflanze bei den Azteken unter dem Namen „Schwester von Ololiuqui" bekannt (Ololiuqui = *Turbina corymbosa*, ein bei Zeremonien häufig verwendetes Halluzinogen). Sie genoß als Zauberdroge hohes Ansehen und galt als heilig. Bevor sie zu medizinischen Zwecken eingenommen werden durfte, wandte sich der Priester ihr voller Ehrfurcht im Gebet zu und bat um ihre Hilfe. Auch in jüngerer Zeit waren bei vielen Indianerstämmen Süd- und Mittelamerikas die stark betäubenden Eigenschaften von *D. ceratocaula* bekannt und wuden ausgiebig genutzt. Noch heute erinnert in Mexiko die umgangssprachliche Bezeichnung „Torna Loco" (verrücktmachende Pflanze) für *D. ceratocaula* an die starke Wirkung ihrer Inhaltsstoffe.

An ihrem Naturstandort wächst die krautige *D. ceratocaula* im seichten Wasser oder im Sumpf. Ihr hohler, graugrün bereifter Stengel wird zwischen 30 und 90 cm lang. Er trägt die eirund-lanzettlich und buchtig gezähnten Blätter, die auf ihrer Unterseite eine kurze weiße Behaarung aufweisen.

Von Juni bis September erscheinen breit trichterförmige, 14–18 cm große, wohlriechende Blüten. Ihre Innenseiten sind weiß bis violettrosa getönt, ihre Außenseiten zeigen eine bläuliche Färbung. Wie bei allen *Datura*-Arten mit Interakuminalzipfeln trägt auch der Blütensaum von *D. ceratocaula* 10 Saumzipfel. Die Blüten öffnen sich um die Mittagszeit und schließen sich am nächsten Morgen.

Nach erfolgter Befruchtung entwickelt sich hängend die völlig glatte, verkehrteiförmige Fruchtkapsel. Während der Reife zerfällt sie unregelmäßig und gibt zwischen 150 und 250 Samenkörner je Frucht frei. Der Samen ist grauschwarz gefärbt und glänzend mit einem auffälligen Elaiosom; seine Tausendkornmasse beträgt zwischen 6,5 und 8 g.

Trotz ihrer – im Vergleich zu anderen *Datura*-Arten – eher geringen Neigung zur Verzweigung und deshalb etwas sparrigen Wachstums, zählt *D. ceratocaula* durchaus noch zu den anbauwürdigen Arten. Eine wichtige Voraussetzung für einen reichlichen Blütenansatz ist aber ein sonniger und warmer Standort im Freien. Dank ihrer Toleranz gegenüber Bodennässe ergeben sich mit diesen Pflanzen ganz außergewöhnliche Gestaltungsmöglichkeiten. So wirken Gruppenpflanzungen, bestehend aus mehreren Einzelexemplaren, an Teichufern und Feuchtzonen besonders schön.

*Datura ceratocaula*, Blüte und Frucht.

Vorsicht ist allerdings geboten, falls Haus- oder Wildtiere das Grundstück regelmäßig betreten und beweiden können. Sonst kann es einem ergehen wie in dem von REKO (1949) geschilderten Fall:

„In den Lagunen und Sümpfen bei Mazatlan (Mexiko) existiert eine kleine Wildentenart, von der es heißt, daß ihr Fleisch zu gewissen Zeiten giftig sei. Wiederholt hat der Genuß dieser Enten denn auch bei Menschen merkwürdige Betäubungs- und Vergiftungserscheinungen hervorgerufen. Man glaubte lange, daß dies irgendwie mit der Geschlechtsreife dieser Tiere zusammenhänge, bis man dahinterkam, daß es sich um eine Daturinvergiftung handelte. Diese Enten fressen nämlich die für sie unschädlichen Blätter und Samen des Toloachi (*Datura* spec.) sehr gerne und ihr Fleisch enthält im Herbst einen für Menschen bereits schwer schädlichen Prozentsatz von Daturin."

## Datura discolor Bernhardi

1833 beschrieb J.J. BERNHARDI in seiner Ausführung „Über die Arten der Gattung Datura" erstmalig *Datura discolor*. Der Begriff discolor (verschiedenfarbig) bezieht sich bei dieser Art auf die interessante Ausfärbung der Einzelblüten. Sie sind im oberen Bereich weiß und besitzen im Schlund eine ringrömige, blaß- bis dunkelviolette Färbung.

*D. discolor* wächst aufrecht bis niederliegend buschig bis zu einer maximalen Höhe von 1,5 m. Ihre Stengel sind auffällig violett überlaufen, während das Blattwerk hellgrün ist. Die eiförmig geformten Blätter sind ganzrandig oder mit vereinzelten großen Zähnen versehen.

Aufgrund einer Blütenlänge von durchschnittlich 14–16 cm – in seltenen Fällen bis zu 17 cm – gehört *D. discolor* noch zu den großblütigen und damit durchaus gartenwürdigen *Datura*-Arten, wenn auch jede einzelne Blüte nur eine Nacht geöffnet bleibt und bereits im Laufe der Vormittagsstunden des nächsten Tages welkt. Der leicht gewellte Blütensaum trägt zehn Saumzipfel, wobei alle fünf Interakuminalzipfel breit dreieckig geformt sind.

Nach erfolgter Befruchtung entwickelt sich die eiförmige, nach unten gebogene Fruchtkapsel. Sie wird maximal 6–7 cm lang, 4–6 cm breit und ist mit langen, dünnen Stacheln besetzt. Während der Reifezeit verbreitert sich die Basis des Kelches zu einer kleinen Scheibe, die, einer Manschette gleich, Frucht und Fruchtstengel voneinander trennt.

Gegen Ende der Reife bricht die Fruchthülle gleichmäßig in vier gleichgroße Segmente auf und gibt die schwarz gefärbten Samen mit den weißen Elaiosomen frei. Pro Fruchtkapsel gewinnt man zwischen 250 und 350 Samenkör-

Die Blüten von *Datura ceratocaula* erreichen eine Größe von 18 cm.

sie sich deutlich von den anderen *Datura*-Arten abhebt.

Das ursprüngliche Verbreitungsgebiet dieser eher interessanten als dekorativen *Datura* lag wahrscheinlich in Südost-China. Durch den Menschen wurde sie jedoch schon frühzeitig nach Europa eingeführt. Heute ist sie in allen wärmeren Regionen der Erde zu finden und wird dort als gefährliches Ackerunkraut gefürchtet.

*Datura ferox* wächst aufrecht buschig zu einer Höhe von 0,5–1 m heran. Die dicken Stengel sind überwiegend grün und zeigen an der Basis häufig eine rötlich violette Verfärbung. Interessant ist, daß die Stengel der Sämlinge intensiv violett gefärbt sind und erst oberhalb der Keimblätter grün weiterwachsen. Alle jüngeren Triebe sind deutlich behaart. Am auffälligsten an der Pflanze sind zweifellos die sehr breiten, unregelmäßig bogig gezähnten Laubblätter. Sie sind mit

*Datura discolor.*

nern; ihre Tausendkornmasse beträgt 8–10 g.

Das natürliche Verbreitungsgebiet dieser wärmeliebenden *Datura*-Art erstreckt sich von Mexiko bis in die südwestlichen Teile der USA und die karibischen Inseln. Auch im Garten bevorzugt *D. discolor* einen warmen, trockenen und sonnigen Standort. Besonders gut bewähren sich Beete unter einem Dachüberstand, der die zarten, nach oben geöffneten Blütenkronen vor allzu viel Regen schützt.

## Datura ferox Linné

Die Erstbeschreibung von *Datura ferox* erfolgte 1756 durch Linné. Die Artbezeichnung ferox bedeutet „stark bewehrt" und weist auf die besonders kräftigen Stacheln der Fruchtkapseln hin, durch die

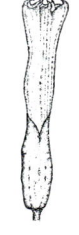

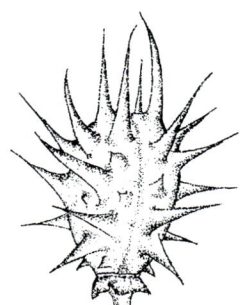

*Datura ferox*, Blüte, Blatt und Frucht.

zahlreichen weichen Haaren bedeckt und geben ihnen ein flaumartiges Aussehen.

Die eher unscheinbaren, trichterförmigen Blüten werden 4,5–6 cm lang und sind gelblichweiß gefärbt. Sie besitzen fünf kurze Saumzipfel, keine Interakuminalzipfel, und öffnen sich in aller Regel nur unvollkommen.

Nach der Befruchtung entwickelt sich aufrecht die verkehrt-eiförmige Fruchtkapsel. Während der Reifezeit verbreitert sich die Kelchbasis zu einer Scheibe mit leicht abwärts gebogenem Rand. Hat die Frucht ihre maximale Größe von etwa 5–6 cm Länge und 4–5 cm Breite erreicht, ist sie durch ihre kräftigen, 1,5–3,5 cm langen Stacheln gut geschützt. Im Einzelfall können die längsten, sich an der Fruchtspitze befindlichen Stacheln genau so lang wie die Fruchtkapsel werden. Die Kapsel öffnet sich gleichmäßig, so daß alle vier Klappen den Samen freigeben können. In jeder Kapsel befinden sich zwischen 150 und 400 schwarze Samenkörner. Ihre Tausendkornmasse beträgt 14–16 g.

Der Kulturwert von *D. ferox* ist eher gering. Wer sich jedoch näher mit der Pflanzengattung beschäftigen möchte, sollte auch diese Art – ihrer interessanten Blätter wegen – mit in die Sammlung aufnehmen.

## Datura inoxia Miller
### syn. Datura meteloides

Die Erstbeschreibung von *Datura inoxia* erfolgte 1768 durch den englischen Gärtner und Botaniker Philip Miller. Seine *D. inoxia* besaß eine 15–18 cm lange, weiße Blütenkrone, wuchs aufrecht bis 2 m hoch und trug Früchte mit spitz ausgezogenen Stacheln. Mittlerweile findet man unter dieser Artbezeichnung auch Pflan-

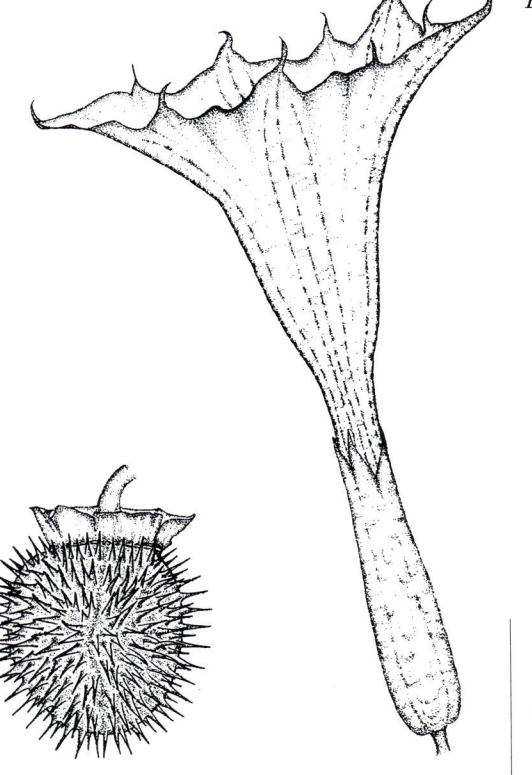

*Datura inoxia.*

zen, deren Eigenschaften in einigen Details von der Originalbeschreibung abweichen, so auch solche, die bislang unter dem Namen *D. meteloides* bekannt waren. Damit entfällt der Name *D. meteloides*, der bei zahlreichen *Datura*-Freunden schon für viel Unruhe gesorgt hat. Der Artname „meteloides" deutet nämlich auf eine nahe Verwandtschaft mit *D. metel* hin, die eindeutig nicht existiert. Dunal verwendete diesen Namen aufgrund einer Verwechslung. Er beschrieb 1852 seine *D. meteloides* nach einer Pflanzenabbildung von Mociño und Sessé, deren Pflanze zwar mit *D. metel* untertitelt war, aber offensichtlich *D. inoxia* oder *D. wrightii* darstellte.

Die Heimat von *D. inoxia* lag ursprünglich in Mittel- und Südamerika. Dort fand diese Pflanze schon seit der Hochkultur der Azteken Verwendung als Heilpflanze und Halluzinogen. Schon frühzeitig gelangte sie nach Afrika und Asien, wo sie in wärmeren Regionen schnell verwilderte.

*D. inoxia* wächst aufrecht buschig zu einer Höhe von 0,5–2 m heran. Die grünen Pflanzen sind an ihren jungen Trieben dicht mit zahlreichen Drüsenhaaren besetzt; die Dichte dieser Drüsenhaare nimmt an den älteren Abschnitten deutlich ab. Die weichen Blätter sind breit oval geformt, die Blattränder ganzrandig und gelegentlich im unteren Abschnitt buchtig gezähnt.

Wie *D. wrightii* bildet auch *D. inoxia* ausdauernde, fleischige Wurzelstöcke aus. In kälteren Gegenden sollten diese im geschützten Keller frostfrei überwintert werden. Anfang Mai des nächsten Jahres kann man die zerbrechlichen Speicherwurzeln wieder im Garten auspflanzen. Sie benötigen zum Anwachsen und zum Aufbau neuer Sprosse allerdings etwas mehr Zeit als aus Samen gezogene Jungpflanzen. Bis zu den ersten Blüten wird dieser Rückstand – dank der Reservestoffe in den Wurzelstöcken – in aller Regel durch schnelleres Wachstum wieder ausgeglichen.

Die 12–19 cm langen, einen etwa 9 cm breiten Trichter formenden Blüten sind reinweiß; die grünlichen Adern enden in fünf längeren Saumzipfeln. Die dazwischen befindlichen Interakuminalzipfel sind deutlich breiter und länger als bei *D. wrightii*.

Nach der Befruchtung entwickelt sich die abwärts gerichtete Fruchtkapsel, deren fein behaarte Oberfläche mit dünnen, scharfen Stacheln besetzt ist. Bei einem auf Kuba vorkommenden Typ ist die Frucht – wie bei *D. metel* – mit stärker rundlichen Höckern besetzt. Er war deshalb 1980 von Fuentes als neue Art *Datura velutinosa* publiziert worden. Aufgrund der sonstigen weitgehenden Ähnlichkeit zu *D. inoxia* hat die neue *D. velutinosa* jedoch keine allgemeine Anerkennung gefunden; sie wird in aller Regel dem Formenkreis von *D. inoxia* zugeordnet.

Wie bei vielen *Datura*-Arten verbreitert sich während der Reifezeit auch bei *D. inoxia* die Basis des abgefallenen Kelches zu einer breiten Scheibe. Hat die Frucht mit etwa 5–7 cm ihre endgültige Größe erreicht, zerfällt sie unregelmäßig und gibt zwischen 350–500 Samen frei. Die mittelbraunen Samenkörner, die gewöhnlich etwas dunkler als die von *D. wrightii* sind, haben eine Tausendkornmasse von 12–17 g und tragen im erntefrischen Zustand Elaiosomen.

Die großblütige *D. inoxia* zählt aufgrund ihrer strahlend weißen Blütenfarbe mit zu den schönsten *Datura*-Arten. Wie alle Stechäpfel bevorzugt sie einen sonnigen Standort, an dem durch einen Dachüberstand oder größere Bäume allzuviel Regen von den prächtigen Blüten ferngehalten wird.

# Datura leichhardtii
F. v. Mueller

1844 soll diese Art durch Leichhardt am Comet River im nördlichen Queensland (Australien) entdeckt worden sein. Der deutsch-australische Botaniker Sir Ferdinand Jacob Heinrich von Müller gab ihr deshalb in seiner 1855 veröffentlichten Erstbeschreibung den Namen *Datura leichhardtii*. Sie ist heute in Australien weit verbreitet und wächst bevorzugt in der Nähe von Wasserläufen.

Ursprünglich war diese Art von Mexiko bis Guatemala beheimatet. Nach ihrer Verschleppung nach Australien unterscheidet man heute zwischen zwei Unterarten: *Datura leichhardtii* ssp. *leichhardtii* und *Datura leichhardtii* ssp. *pruinosa*. Ihre Unterschiede sind jedoch nicht sehr groß. HAMMER u.a. (1983) erklären die Ähnlichkeit der Bestimmungsmerkmale damit, daß der Zeitraum der Isolierung beider Unterarten noch relativ kurz ist. So findet man *D. leichhardtii* ssp. *leichhardtii* vorwiegend in den halbtrockenen Gebieten von Queensland, Zentralaustralien und dem nordwestlichen Westaustralien, nicht aber in den klimatisch vergleichbaren Zonen des nordwestlichen Neusüdwales und südwestlichen Queensland. Die geographische Trennung verspricht für die Zukunft eine eigenständige Entwicklung der beiden Subspecies, die sich dann möglicherweise durch die Ausbildung spezieller typischer Merkmale nachweisen lassen wird.

Die einjährige *D. leichhardtii* wächst aufrecht buschig. Während jedoch *D. leichhardtii* ssp. *pruinosa* mit einer maximalen Höhe von nur 0,5 cm relativ klein bleibt, erreicht *D. leichhardtii* ssp. *leichhardtii* die stattliche Größe von 1–1,2 cm. Die Pflanzen sind grün gefärbt und schwach – *D. l.* ssp. *pruinosa* etwas stärker – behaart. Die eher unauffälligen, nur 4–7 cm langen Blütenkronen sind aufgrund ihrer schwach ausgeprägten Interakuminalzipfel zehnzipfelig und gelblich-weiß. Zuweilen läßt ihr Blütensaum einen schwachen Grün- oder Rotton erahnen.

Nach erfolgter Befruchtung entwickelt sich hängend die kugelige, mit zahlreichen kurzen Stacheln bedeckte Fruchtkapsel. Ihr Durchmesser beträgt knapp 4 cm. Während der Reifezeit verbreitert sich die Basis des abgefallenen Kelches zu einer breiten Scheibe mit abwärtsgebogenem Rand und umschließt – einer engen Manschette gleich – die rundliche Kapsel.

Gegen Ende der Reife zerfällt die Frucht unregelmäßig und gibt zwischen 25 und 100 braune Samenkörner frei, denen stärkereiche Gewebestücke (Elaiosomen) anhängen. Ihre Tausendkornmasse beträgt 12–14 g.

Die äußerst wärmeliebende *D. leichhardtii* ist in Kultur nicht anzutreffen. Grund dafür sind ihre kleinen und unauffälligen Blüten ohne Zierwert, die sich zu alledem nur unvollständig öffnen.

Die Blüten von *Datura leichhardtii* ssp. *pruinosa* öffnen sich häufig nicht.

Unten: Blüte und Frucht von *Datura leichhardtii*.

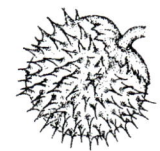

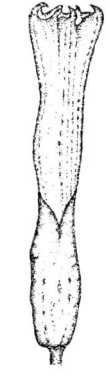

# Datura metel Linné

Wegen ihrer intensiven Nutzung durch den Menschen als Drogen- und Zierpflanze ist *Datura metel* heute weltweit verbreitet, so daß sie in allen wärmeren Regionen auch verwildert anzutreffen ist. Wo sich ihre ursprüngliche Heimat befunden hat, ist mit letzter Sicherheit nicht mehr festzustellen.

Linné gab 1753 in seiner Erstbeschreibung an, *Datura metel* sei in Asien und Afrika beheimatet. Mit dem von ihm verliehenen Artbeinamen „metel" setzte er sie mit einer Pflanze gleich, die der arabische Arzt und Gelehrte Avicenna im 11. Jahrhundert aufgrund der Früchte als „jouz-mathel" (Metel-Nuß) bezeichnete. Es bleibt jedoch im Verborgenen, ob Avicennas jouz-mathel mit Linnés *Datura metel* identisch ist, denn die erste unverwechselbare Abbildung einer *Datura metel* veröffentlichte erst 1543 der Deutsche Leonhard Fuchs in seinem berühmt gewordenen Kräuterbuch. Wie auch seine Vorgänger gab Leonhard Fuchs zu seiner Zeichnung eine sehr unpräzise Beschreibung, die offensichtlich aus dem im ersten Jahrhundert erschienenen Medizinbuch „De Materia Medica" des Griechen Dioscorides übernommen ist. Auch in der alten chinesischen Literatur ist *Datura metel* erst um das Jahr 1658 nachweisbar. Li Shi Chen beschrieb sie damals als *Datura alba*.

Botanisch genaue Illustrationen und Beschreibungen sind offensichtlich erst nach der Entdeckung Amerikas erfolgt. DAVID E. SYMON et al. (1991) vermuten deshalb, daß die Hinweise auf ältere Erwähnungen in der Literatur auf Verwechslungen beruhen, und daß der Ursprung von *Datura metel* in der neuen Welt zu suchen ist. Dies hieße, daß *Datura metel* zu den ersten Pflanzenarten gehörte, die in wenigen Jahrzehnten nach der Entdeckung Amerikas weltweit durch den Menschen verbreitet wurden – und dies ohne Massentourismus. Diese *Datura*-Art war offensichtlich aufgrund ihrer narkotisch wirkenden Inhaltsstoffe sehr begehrt, aber auch die leichte Vermehrbarkeit durch Samen hat ihre schnelle Verbreitung begünstigt.

Als einjährige, krautige Pflanze erreicht *Datura metel* bereits nach wenigen Monaten ihre endgültige Größe von 0,5–1 m. Die Triebe der eher schwach behaarten Pflanzen sind meist dunkelviolett gefärbt. Die oval bis breitovalen, gebuchteten oder grob gesägten Laubblätter haben oft die gleiche Färbung.

Am auffälligsten und interessantesten sind aber zweifellos die tagsüber angenehm duftenden Blüten mit ihrer enormen Vielfalt. Je nach Varietät und Form sind sie einfach oder mehrfach gefüllt, fünf- bis neunzipfelig in den Farben rein weiß, cremefarben, gelb, rot oder violett zu finden. DANERT (1954) unterschied allein zwischen elf verschiedenen Sippen.

*Datura metel*, Blüte und Frucht.

Links:
*Datura metel* var. *chlorantha*.
Rechts:
Diese einfachblühende Form von *Datura metel* var. *rubra* ist nur an der Außenseite der Blütenkrone violett gefärbt.

An Stelle von Interakuminalzipfeln findet man bei *D. metel* auffällige herzförmige Einschnitte, die die 14–20 cm großen Blüten dekorativ unterteilen.

Nach erfolgter Befruchtung entwickelt sich aufrecht die eiförmige bis kugelige Fruchtkapsel. Ihre Oberfläche ist mit zahlreichen konischen Höckern und einigen wenigen Stacheln besetzt und zart behaart. Nach der Reifezeit zerfällt die Kapsel unregelmäßig und gibt zwischen 200 und 300 dunkel- bis braungelbe Samen frei, die auffällige Elaiosomen besitzen. Ihre Tausendkornmasse beträgt 15–20 g.

Von allen *Datura*-Arten ist *D. metel* zweifellos die am häufigsten kultivierte Art in den Gärten. Grund dafür sind sowohl Farbenreichtum wie auch Formenvielfalt der großen trichterförmigen Blüten. Um sie von den Engelstrompeten namentlich gut zu unterscheiden, gab man *D. metel* in den südlichen Staaten der USA den Namen „Devil's Trumpet".

Leider ist die Teufelstrompete sehr anfällig für Wurzelhalserkrankungen, die durch die verschiedensten Schadpilze verursacht werden können. Das gilt besonders für Jahre mit feuchten und regenreichen Sommermonaten. Im Garten sollte man sie deshalb bevorzugt an trockenen Standorten – am vorteilhaftesten unter einem Dachüberstand – auspflanzen.

## Datura quercifolia Humboldt

1818 erfolgte die Erstbeschreibung von *Datura quercifolia* durch Friedrich Wilhelm Heinrich Alexander von Humboldt. Die Artbezeichnung „quercifolia" beschreibt in treffender Weise das Aus-

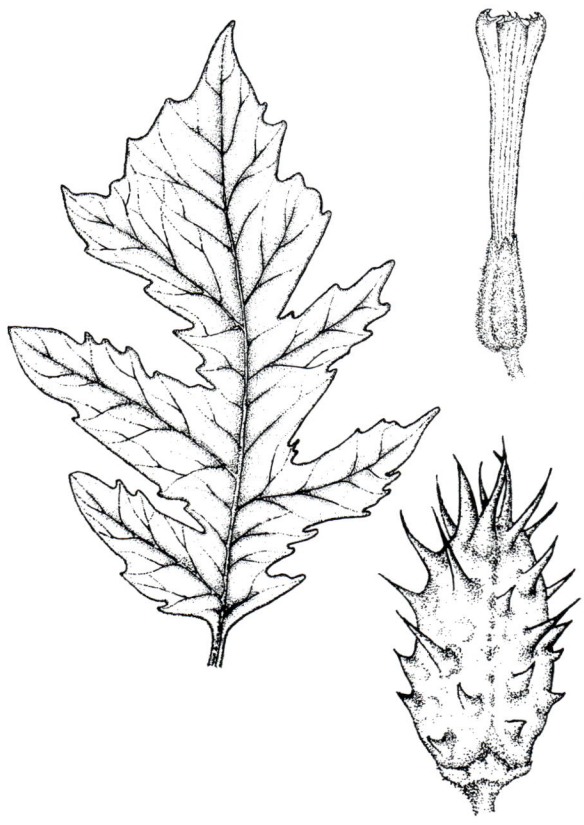

*Datura quercifolia* hat kleine, blaue Blüten und eine unverwechselbare Blattform. Links: Blatt, Blüte und Frucht.

sehen der Blätter dieser Art: Sie sind eichenblättrig.

*Datura quercifolia* ist in Mexiko und den südwestlichen Staaten der USA beheimatet. Dort wächst sie bodendeckend oder aufrecht buschig zu einer Höhe von 0,5–1 m heran. Die grünen Triebe der Pflanzen zeigen häufig eine schwach violette Färbung an der Basis. Die eichenähnlichen Laubblätter sind buchtig bis tief buchtig gelappt, ihr Blattrand ist schwach gewellt. Die Adern an der Blattunterseite weisen eine starke Behaarung auf.

Im Gegensatz zu den dekorativ geformten Blättern sind die nur 4–7 cm langen, trichterförmigen Blüten eher unscheinbar. Dazu kommt, daß sie ihre Blütenkronen meist nur unvollständig öffnen und dadurch ihre hellblaue Blütenfarbe kaum zur Geltung kommt. Der Blütensaum ist mit fünf kurzen Zipfeln ausgestattet, Interakuminalzipfel sind nicht vorhanden.

Nach erfolgter Befruchtung, die bereits bei noch geschlossener Blüte durch den eigenen Blütenstaub erfolgen kann, entwickelt sich aufrecht die eiförmige Fruchtkapsel. Sie wird bis 7 cm lang und 6 cm breit und trägt kräftige Stacheln, deren Länge bis zu einem Drittel der Kapselgröße betragen kann. Während der Reifezeit verbreitert sich die Basis des Kelches zu einer Scheibe mit abwärtsgerichtetem Rand. Die reife Fruchtkapsel öffnet sich gleichmäßig vierklappig und gibt zwischen 250 und 400 Samen pro Kapsel frei. Die Samenkörner sind schwarz gefärbt; ihre Tausendkornmasse beträgt 7–10 g.

Aufgrund ihrer kleinen, unscheinbaren Blüten ist der Zierwert von *D. quercifolia* eher gering. Wer allerdings eine Sammlung von verschiedenen Daturen anlegen möchte, sollte auch auf diese Art – ihrer interessant geformten Blätter und dekorativen Früchte wegen – nicht verzichten.

## Datura stramonium Linné

Die Erstbeschreibung von *Datura stramonium* erfolgte 1753 durch Linné. Für großes Aufsehen sorgte diese Pflanze aber bereits 80 Jahre früher:

1676 waren in Amerika Soldaten nach Jamestown abkommandiert worden, um eine Revolution zu unterdrücken. Aus Unkenntnis oder einem Mißverständnis zufolge kochten sie bei akutem Nahrungsmangel junge Triebe und Blätter von *Datura stramonium* und verspeisten sie als Gemüse. Nach einiger Zeit traten in ihrem Verhalten eindrucksvolle Veränderungen auf. Sie verfielen in eine Art Benommenheit oder in „drollige Verrücktheit", die sich durch allerlei närrische Einfälle und unsinnige Taten auszeichnete. Einer von ihnen versuchte wieder und wieder, eine Feder in die Luft aufsteigen zu lassen, ein anderer warf bis zur völligen Verausgabung mit Stroh. Ein dritter saß splitternackt in einer Ecke und verzog – einem Affen gleich – sein Gesicht zu einem ständigen Grinsen. Alle ihre Taten zeichneten sich durch völlige Gewaltlosigkeit aus, es handelte sich lediglich um harmlose Dummheiten guter Natur. Volle elf Tage dauerte die Wirkung von *Datura stramonium* an. Erst dann wurden auch die letzten der betäubten Soldaten wieder sie selbst. Interessanterweise konnten sie sich an nichts mehr erinnern. Seit jenen Tagen trägt *Datura stramonium* in Nordamerika den volkstümlichen Namen „Jamestown weed".

Den Indianern war *Datura stramonium* bereits Jahrhunderte früher bekannt. Sie kannten ihre halluzinogene Wirkung genau und benutzten die Droge für zahlreiche ihrer Zeremonien.

Ursprünglich stammt *D. stramonium* aus dem Südosten Nordamerikas. Durch den Menschen wurde sie jedoch schon frühzeitig verbreitet; heute findet man die Pflanze in allen gemäßigten und warmen Regionen der Welt verwildert vor. Auch bei uns findet man dieses einjährige Unkraut bevorzugt auf Brachland sowie im Bereich von Schuttplätzen und Müllhalden.

*Datura stramonium* wächst aufrecht zu einem 0,2–2 m großen Busch heran. Die grünen Pflanzen wirken häufig wie mit einer dünnen violetten Schicht überzogen und sind an ihren jüngeren Trieben zart behaart. Die weichen Laubblätter sind unregelmäßig buchtig gezähnt. Eine der auffälligsten und eher unangenehmen Eigenschaften dieser Pflanzenart ist ihr strenger, nußartiger Geruch, der selbst bei schwacher Berührung verstärkt freigesetzt wird.

Die nur 6–8,5 cm langen, trichterförmigen Blüten besitzen keine Interakuminalzipfel, sondern lediglich fünf spitze Saumzipfel. Ihre Blütenfarbe ist weiß bis cremefarben oder violett. Der Zierwert der Blüten ist eher gering, da sie sich nur in den seltensten Fällen vollständig öffnen.

Nach der Befruchtung entwickelt sich aufrecht die eiförmige Fruchtkapsel, deren Oberfläche mit Stacheln besetzt aber auch vollständig kahl sein kann. Während der Reifezeit verbreitet sich die Basis des Kelches zu einer flachen Scheibe. Nach dem Erreichen der endgültigen Fruchtgröße – maximal 4 cm Länge und 3 cm Breite – öffnet sich die Kapsel vierklappig und gibt jeweils zwischen 300 und 500 Samenkörner frei. Der Samen ist schwarz gefärbt und hat eine Tausendkornmasse von 7–11 g.

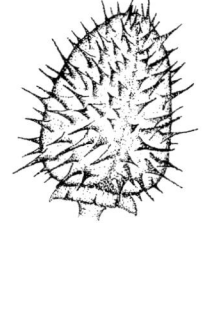
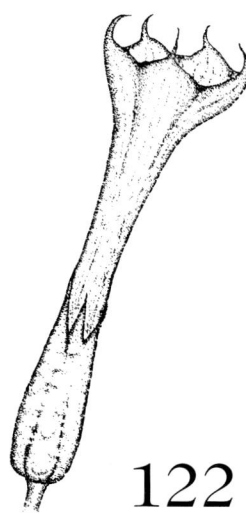

*Datura stramonium*, Frucht und Blüte.

*Datura stramonium* var. *tatula* f. *tatula* mit violetter Färbung im Schlund der Blütenkrone.

*D. stramonium* besitzt aufgrund ihrer Erscheinungsform keinerlei Kulturwert. Wer auf diese Pflanzenart trotzdem nicht verzichten möchte, sollte die Entwicklung der Fruchtkapsel immer im Auge behalten und sie gegebenenfalls rechtzeitig entfernen. Fällt der Samen unkontrolliert aus, findet man im darauf folgenden Jahr Daturakeimlinge im gesamten Gartenbereich.

## Datura wrightii Regel

1855 wurde von der berühmten französischen Gärtnerei Louis Vilmorin eine neue Datura unter dem Namen *Datura meteloides* in Kultur genommen. Den Samen dafür hatte der an der Harvard Universität tätige Botaniker Asa Gray nach Frankreich geschickt. Gray wiederum hatte den Samen von dem amerikanischen Pflanzensammler Charles Wright erhalten, der ihn 1849 im westlichen Texas gesammelt hatte. M. Ortgies, einem Mitarbeiter in Vilmorins Gärtnerei, fiel auf, daß die von ihnen kultivierten *Datura* nicht mit der von M. Felix Dunal verfaßten Beschreibung für *Datura meteloides* übereinstimmte. Ortgies wies den deutschen Botaniker und Herausgeber der Zeitschrift „Gartenflora", Eduard August von Regel, auf diese Diskrepanz hin. Daraufhin veröffentlichte

*Datura wrightii*, Blüte und Frucht.

*Datura wrightii* hat die größten Blüten von allen *Datura*-Arten.

Regel im Jahre 1859 die wissenschaftliche Beschreibung einer neuen *Datura*-Art mit blaßvioletten Blütenkronen. In Anerkennung ihres Entdeckers nannte er sie *Datura wrightii*.

Ursprüngliche Heimat von *D. wrightii* ist das gesamte südliche Nordamerika und Mexiko. Aufgrund ihrer Schönheit und der halluzinogenen Inhaltsstoffe wurde sie jedoch schon frühzeitig in die wärmeren Regionen der restlichen Welt (so auch nach Australien) eingeschleppt und ist dort verwildert.

*D. wrightii* wächst aufrecht bis niederliegend buschig zu einer Höhe von 0,4–1,5 m heran. Die grünen Triebe der Pflanzen wirken oft wie mit einer dünnen violetten Schicht überzogen. Alle jungen Blätter tragen eine auffällig starke Behaarung, deren Dichte mit zunehmendem Alter abnimmt. Die weichen Laubblätter sind eiförmig bis breit eiförmig, der Blattrand ist grob gezähnt bis sanft gebuchtet. *D. wrightii* bildet einen knollig-fleischigen Wurzelstock aus, der es der Pflanze ermöglicht, an nicht zu kalten Standorten im Boden zu überwintern und im folgenden Frühjahr wieder auszutreiben. In kälteren Gegenden besteht die Möglichkeit, den Wurzelstock – wie Dahlienknollen – im Keller zu überwintern.

Die trichterförmigen, 14–23 cm langen Blütenkronen erreichen einen Durchmesser von 15 cm. Sie sind im oberen Abschnitt meist violett bis blaßviolett gefärbt, rein weiße Formen sind selten. Die sehr dekorativen Blüten besitzen fünf etwa 0,5 cm lange Saumzipfel. Zwischen diesen fünf, deutlich zu erkennenden Saumzipfeln findet man häufig auch Ansätze von Interakuminalzipfeln. Von manchen Autoren wird deshalb die Blütenkrone von *Datura wrightii* als zehnzipflig beschrieben.

Nach erfolgter Befruchtung entwickelt sich hängend die mit stumpfen Stacheln besetzte und fein behaarte Fruchtkapsel. Sie trägt – wie viele andere Arten auch – eine kleine Kragenmanschette, die sich aus den verbreiterten Resten des Kelches entwickelt hat. Bei der Reife zerfällt die etwa 4,5 cm große Beerenkapsel unregelmäßig und gibt 200 bis 400 Samenkörner frei. Der Samen ist gelblich-braun; seine Tausendkornmasse beträgt 12–15 g.

Die großblumige *D. wrightii* besitzt hohen Kulturwert. Ihre Schönheit kommt sowohl ausgepflanzt – als Beetpflanze – wie auch im Topf – als Kübelpflanze – gut zur Geltung. Da sich die großen, nach oben gerichteten Blütenkronen schnell mit Wasser füllen, empfiehlt es sich, die Pflanzen vor Regen geschützt aufzustellen oder unter einem Dachvorsprung auszupflanzen. Unschöne Verklebungen und Verbräunungen der weißen Blüten werden dadurch vermieden.

# Gibt es weitere Stechapfel-Arten?

Nicht selten werden Neubeschreibungen von Arten übereilt vorgenommen und es stellt sich später heraus, daß es sich bei angeblich neuen Arten lediglich um standortbedingte Varietäten handelt. Gerade bei den sich selbst befruchtenden Daturen können sich bei der Besiedlung frei gewordener Flächen Standortvarianten schnell durchsetzen. Im Laufe der Wiederbesiedlung durch Sträucher und Bäume oder durch andere umweltbedingte Faktoren verschwinden diese neuen Formen meist nach wenigen Jahren wieder. So sind – wie bei den Brugmansien – auch bei der Gattung *Datura* für die gleiche Art manchmal mehrere Bezeichnungen im Umlauf, die dann, laut Nomenklaturregeln als ungültig, also als Synonyme zu betrachten sind.

In manchen Fällen läßt sich infolge von unzureichenden Informationen, Verwechslungen und Irrtümern nicht mehr nachvollziehen, wie die zu einem Namen gehörende Pflanze einmal tatsächlich ausgesehen hat. Dies ist nur zu verständlich, wenn man berücksichtigt, daß Daturen seit altersher im Gefolge der weltumspannenden Wanderungen der Menschen verbreitet wurden, und daß die heute noch gültige botanische Nomenklatur bereits 1753 durch Linné begründet wurde.

Nachfolgend werden Namen von Arten aufgeführt, die wahrscheinlich als Synonyme der im vorhergehenden Kapitel beschriebenen *Datura*-Arten anzusehen sind.

*Datura alba* Nees, 1834 = *Datura metel* var. *metel*
*Datura bernhardii* Lundström, 1914 = *Datura stramonium* var. *tatula* f. *bernhardii*
*Datura bertolonii* Parlatore ex Gussone, 1842 = *Datura stramonium* var. *inermis*
*Datura bojeri* Raffeneau-Delile, 1836 = *Datura metel* (?)
*Datura capensis* hort. ex Bernhardi, 1833 = *Datura stramonium*
*Datura carthaginensis* hort. ex Siebert et Voss, 1895 = *Datura metel*
*Datura cornucopaea* hort. ex W. W., 1894 = *Datura metel*
*Datura dubia* Persoon, 1805 = *Datura metel*
Diese Art soll jedoch glatte Früchte besitzen.
*Datura fastuosa* Linné, 1759 = *Datura metel*
*Datura fruticosa* Hornem., 1813 = *Datura metel* (?)
*Datura guayaquilensis* Humboldt, 1818 = *Datura inoxia*
*Datura huberiana* hort., 1891 = *Datura metel* (?)
*Datura humilis* Desfontaines, 1829 = *Datura metel*
*Datura hummatu* Bernhardi, 1833 = *Datura metel*
*Datura hybrida* Tenore, 1823 = *Datura inoxia* oder *D. wrightii*
*Datura inermis* Jaq., 1776 = *Datura stramonium* var. *inermis*
*Datura kymatocarpa* Barclay, 1959 = *Datura discolor* (?)

*Datura laevis* Linné, 1781 = *Datura stramonium*
*Datura lanosa* Barclay ex Bye, 1986 = *Datura wrightii* oder *Datura inoxia*. Barclay publizierte diese Art als Unterart von *Datura inoxia*. Bye stellt sie in den Kreis von *Datura wrightii*. Im Unterschied zu dieser soll sie auf den Blattunterseiten einen dichten Filz aus langen, gekräuselten Haaren besitzen.
*Datura loricata* Sieber ex Bernhardi, 1833 = *Datura stramonium*
*Datura lurida* Salisbury, 1796 = *Datura stramonium*
*Datura macrocaulos* Roth, 1802 = *Datura ceratocaula*
*Datura meteloides* Dunal, 1852 = *Datura inoxia*
*Datura microcarpa* Godron, 1872 = *Datura stramonium*
*Datura muricata* Bernhardi, 1818 = *Datura metel* var. *muricata*
*Datura nigra* Rumph. ex Hassk., 1842 = *Datura metel* var. *metel*
*Datura nilhummatu* Dunal, 1852 = *Datura metel* var. *obscura*

*Datura parviflora* Salisbury, 1796 = *Datura stramonium* var. *tatula*
*Datura praecox* Godron, 1872 = *Datura stramonium* var. *tatula*
*Datura pruinosa* Greenman, 1898 = *Datura leichhardtii* ssp. *pruinosa*
*Datura pseudo-stramonium* Sieber ex Bernhardi, 1833 = *Datura stramonium*
*Datura pubescens* Roques, 1808 = *Datura metel* oder *D. inoxia*
*Datura reburra* Barclay, 1959 = *Datura discolor*
*Datura sinuata* Sessé et Mociño, 1893 = *Datura ceratocaula*
*Datura tatula* Linné, 1762 = *Datura stramonium* var. *tatula*
*Datura thomasii* Torrey, 1857 = *Datura discolor* (?)
*Datura timorensis* Zipp. ex Spanoghe, 1841 = *Datura metel* (?)
*Datura velutinosa* Fuentes, 1980 = *Datura inoxia* (?)
*Datura villosa* Fernald., 1900 = *Datura quercifolia*
*Datura wallichii* Dunal, 1852 = *Datura stramonium*

# Kulturhinweise für Datura

Die meist einjährig kultivierten Stechäpfel eignen sich sowohl zur Bepflanzung von Beeten wie auch für die Kultur im Kübel. Hinsichtlich der Pflanzgefäße stellen sie keine besonderen Ansprüche, sofern für einen ausreichenden Wasserabzug gesorgt wird.

*Datura wrightii* eignet sich auch zur Sommerbepflanzung von Kübeln.

## Substrat

Etwas anspruchsvoller sind *Datura* bei ihrem Pflanzsubstrat. Da viele von ihnen durch Schadpilze im Wurzel- oder Wurzelhalsbereich absterben können, sollte das Substrat gut durchlässig und durchlüftet sein. Zusätzliche organische Anreicherungen, wie Humus, Torf, Kompost oder Stallmist sollten in diesem Fall vermieden werden. Ebenfalls schädlich wirkt sich ein zu hoher Anteil von Lehm oder Ton im Pflanzsubstrat aus. Die dadurch erhöhte Speicherkapazität für Wasser erleichtert den feuchtigkeitsliebenden Schadpilzen ihre Arbeit und fördert den Befall im Wurzelbereich. Positiv haben sich dagegen anorganische Zusätze, wie Bimskies, Blähton oder Lavalit bewährt. Sie lockern das Substrat auf, lassen Wasser schneller ablaufen und erhöhen die Luftzufuhr im Wurzelbereich.

Bei der Kultur der besonders empfindlichen *D. metel* erleichtern vorbeugende Gaben von Bodenfungiziden (wie Fonganil oder Previcur) die Kultur erheblich. Man gibt hierfür das Fungizid in das Gießwasser und verabreicht es in den in der Gebrauchsanweisung vorgegebenen, zeitlichen Abständen.

Keine Probleme mit lehmhaltigem Erdreich und gelegentlicher Staunässe hat nur eine *Datura*-Art – *D. ceratocaula*. Als echte Sumpfpflanze haben sich ihre Wurzeln auf ein Zuviel an Wasser bestens angepaßt. Alle anderen Arten sind an trockenen, oft wüstenartigen Standorten zu Hause. Diesen Umstand sollte man auch bei der Bewässerung der Pflanzen nicht außer acht lassen. Sparsames Gießen – möglichst ohne die zarten Blüten zu benetzen – sollte man sich bei dieser Pflanzengattung zur Gewohnheit werden lassen. Auch wenn nach Perioden mit hoher Luftfeuchtigkeit die Blätter von *Datura* scheinbar welken, sollte man erst die Feuchtigkeit im Boden überprüfen, bevor gegossen wird. Gesunde Wurzeln und ein stabiler Pflanzenaufbau sind der Dank dafür.

## Standort und Bewässerung

Im Gegensatz zu Brugmansien sollte man bei Daturen auf jegliches Überbrausen der Pflanzen verzichten. Die aufrechte Blütenhaltung bewirkt nämlich, daß sich die nach oben geöffneten Kronen schnell mit Wasser füllen. Da innerhalb der Blüte

Der optimale Stellplatz schirmt die Pflanze vor Regen ab.

keine Möglichkeit des Wasserablaufs besteht, knickt die Krone an ihrer schwächsten Stelle um, um sich der Last des Wassers zu entledigen. Unschöne Verklebungen und Verbräunungen verbunden mit Fäulnisprozessen sind dann die Folge. Besonders gefährdet sind alle großblumigen, sich weit öffnenden Daturen.

Leider ergibt sich dieses Problem auch bei anhaltendem oder starkem Regen. Als Rückschluß für einen geeigneten Standort sollte man deshalb folgendes beachten: Optimal bewähren sich alle sonnigen Stellplätze, die durch einen Dachüberstand oder hohe Nachbarpflanzen vor direktem Regen abgeschirmt werden. Stechäpfel entwickeln sich auch an solchen Plätzen noch prächtig, die anderen Sommerblumen bereits viel zu trocken sind.

## Düngung

Hinsichtlich der Düngung verhalten sich Daturen problemlos. Da sie während der kurzen, sommerlichen Wachstumsperiode relativ viel Blatt- und Blütenmasse aufbauen müssen, sollte man sie wöchentlich von Mai bis August mit 2–3 g oder ml eines stickstoffbetonten Volldüngers pro Liter Gießwasser versorgen.

Bei einer Kultur im Beet kann man zur Arbeitserleichterung auch auf einen Langzeitdünger zurückgreifen. Je nach Wirkungsgrad des Produkts verabreicht man zwei- bis dreimal während der Sommermonate 60 g stickstoffbetonten Langzeitdünger pro m². Auf organische Düngung, seien es Stallmist, Guano oder auch Kompostgaben, sollte man wegen der Anfälligkeit der Pflanzen für Schadpilze, unbedingt verzichten.

Bei Daturen sollte auf organische Dünger besser verzichtet werden.

## Überwinterung

Stechäpfel werden meist einjährig kultiviert. Im Laufe des Sommers erntet man aus den mehr oder weniger bestachelten Fruchtkapseln den Samen, aus dem dann ab Anfang März die Jungpflänzchen herangezogen werden können. Die Mutterpflanzen sterben in aller Regel mit den kälter werdenden Temperaturen im Winter ab. *Datura wrightii* und *Datura inoxia* bilden hierin eine Ausnahme. Sie produzieren während der Sommermonate dicke, fleischige Speicherwurzeln, die eine Überwinterung dieser Arten ermöglichen. Im warmen Weinbauklima reicht es häufig schon völlig aus, die Pflanzen im Herbst mit allerlei Zweigen, Stroh oder Fichtenreisig abzudecken. Je nach Witterung erwacht aus den Speicherorganen ab April die *Datura* wieder aus ihrem Winterschlaf. In kälteren Klimaten müssen die Speicherwurzeln in einem Kübel mit Erde frostfrei überwintert werden. Die Abdeckung mit Erde verhindert hierbei das Austrocknen der Wurzeln. Die Überwinterung kann sowohl in einer kühlen Garage, wie auch in dunklen Kellerräumen erfolgen. Ab März sollte man die so überwinterten Speicherwurzeln durch Tageslicht und Temperaturen von 12–18 °C zu erneutem Wachstum der oberirdischen Pflanzenteile anregen. Zwar ist die Überwinterung von *Datura* – im Gegensatz zur jährlichen Aussaat – mit etwas mehr Arbeit verbunden, das Ergebnis lohnt aber die Mühe. Aus gesunden Speicherorganen getriebene Pflanzen entwickeln sich schneller, werden größer und blühen besser.

# Vermehrung

Die Vermehrung der krautigen Stechäpfel erfolgt ausschließlich aus Samen. Da die Neigung zur Selbstbestäubung bei vielen *Datura*-Arten überwiegt, fallen die Sämlinge in aller Regel erbgleich zur Mutterpflanze aus. Besonders stark ausgeprägt ist diese als Autogamie bezeichnete Eigenschaft bei allen kleinblumigen Daturen, wie *D. stramonium, D. ferox, D. quercifolia* und *D. leichhardtii*. Bei ihnen findet eine Befruchtung häufig schon in der noch geschlossenen Blüte statt. DANERT (1954) fand bei seinen Untersuchungen an *D. stramonium*, daß sich die Staubbeutel dieser Art bereits 24 Stunden vor der Entfaltung der Blütenkrone öffnen und damit eine Fremdbefruchtung stark eingeschränkt wird. Für den Daturakultivateur bedeutet das, daß er selbst dann noch artenreines Saatgut von seinen kleinblumigen Daturen ernten kann, wenn er diese Arten zusammen auf einem Beet auspflanzt. Bei den großblumigen „schönen" *Datura*-Arten, wie *D. ceratocaula, D. wrightii* und *D. inoxia* ist schon etwas mehr Vorsicht geboten. Zwar setzen auch diese Stechäpfel – isoliert man sie von allen anderen *Datura*-Pflanzen – noch Früchte mit keimfähigen Samen an; der prozentuale Anteil von nicht entwickelten Früchten ist bei ihnen jedoch überdurchschnittlich hoch (HAMMER et al. 1983).

Verallgemeinernd läßt sich sagen, daß mit der Größe der Blütenkrone auch die Neigung zur Fremdbefruchtung wächst. Wichtig ist in diesem Zusammenhang auch die oft strahlend weiße Blütenfarbe, die das Licht beträchtlich reflektiert. Blütengröße und Blütenfarbe locken in einem nicht unerheblichen Ausmaß Insekten an, die dann eine Bestäubung vornehmen können. Für den Daturakultivateur bedeutet das, daß er großblumige Arten getrennt voneinander auspflanzen muß, wenn er die Artenreinheit der Samen erhalten möchte.

Die Ernte der Samen kann mühsam werden, da die Früchte bei der Reifung aufplatzen und ihre Samen über größere Flächen verstreuen. Es empfiehlt sich deshalb, die Frucht bereits kurz vor der Reife abzuschneiden und – falls erforderlich – in einer Papiertüte nachreifen zu lassen. Die Ernte einer größeren Samenmenge kann sich somit über einen längeren Zeitraum (Spätsommer bis Herbst) erstrecken.

Im darauffolgenden März werden die Samenkörner im geschützten Gewächshaus oder auf der Fensterbank bei Temperaturen um 20 °C ausgesät. Bei den meisten Arten erfolgt die Keimung der kleinen Pflänzchen bereits nach 15 bis 20 Tagen. Lediglich *D. ceratocaula, D. discolor* und *D. quercifolia* keimen unregelmäßig über einen Zeitraum von bis zu drei Monaten. Vermeiden läßt sich diese unliebsame Verzögerung durch eine Vorbehandlung des Samens mit 0,2-prozentiger Gibberellinsäure. Hierfür werden die Samenkörner zwei Tage lang in die schwache Säure gelegt und erst danach in Erde ausgesät. Diese Behandlung ersetzt eine natürliche Kälteeinwirkung während der Wintermonate und beschleunigt die Keimung des Samens. So keimen *D. ceratocaula* und *D. quercifolia* nach zweitägiger Gibberellinsäurebehandlung bei 22 °C bereits nach 4 bis 5 Tagen, ohne Vorbehandlung erst nach etwa 30 Tagen. *D. discolor* benötigt auch nach einer Behandlung mit Gibberellinsäure noch 19 bis 20 Tage bis der erste Samen zu keimen beginnt. Die jungen Pflänzchen werden zunächst in kleine Töpfe pikiert und nach den Eisheiligen (Ende Mai) an ihren endgültigen Standort im Freiland ausgepflanzt.

Da Daturafrüchte häufig unkontrollierbar aufplatzen und ihren Samen verstreuen, sollte man diese Pflanzen nie in unmittelbarer Nähe von Gemüse- oder Gewürzbeeten wachsen lassen. Vergiftungsgefahr!

# *Züchtung*

Sammelt man Pflanzen einer speziellen Gattung, drängt sich nach einiger Zeit die Frage auf: Wäre es möglich, die besonders guten Eigenschaften einer bestimmten Art mit denen, einer anderen zu kombinieren? Wie gut würde zum Beispiel der angenehme Duft der Pflanze A mit der prachtvollen Farbe von Pflanze B harmonieren? Stellt man sich erst solche Fragen, ist der Weg zum Züchten nicht mehr weit.

Die wohl umfangreichsten Untersuchungen über *Datura* führten A. F. Blakeslee u. a. durch; ihre Ergebnisse sind in dem Standardwerk über Datura „The Genus Datura" von Avery u. a. (1959) festgehalten und sind Grundlage für die aufgeführte Tabelle über mögliche Kreuzungen. Viele der Kreuzungskombinationen zwischen den verschiedenen *Datura*-Arten gelingen nur, wenn spezielle Arten als Mutterpflanzen verwendet werden. Andere Arten eignen sich dafür besser als Pollenspender. Die folgende Tabelle gibt Auskunft darüber, welche Kreuzungen der Pflanzenliebhaber auch ohne aufwendige Laboreinrichtungen mit Erfolg durchführen kann.

Trotz der Vielfalt von Kreuzungsmöglichkeiten zwichen den *Datura*-Arten findet man in freier Natur lediglich eine Hybridform. Es handelt sich dabei um eine Kreuzung zwischen *D. stramonium* und *D. ferox*, die mittlerweile an verschiedenen Standorten in Südamerika beobachtet wurde. Sicher tragen die unterschiedlichen Verbreitungsgebiete der

## Kreuzungen, die keimfähigen Samen hervorbrachten

| ♀ \ ♂ | *D. stramonium* | *D. quercifolia* | *D. ferox* | *D. leichhardtii* | *D. discolor* | *D. ceratocaula* | *D. wrightii* | *D. metel* | *D. inoxia* |
|---|---|---|---|---|---|---|---|---|---|
| *D stramonium* | × | × | × | | × | | | | |
| *D. quercifolia* | × | × | × | | × | | (×) | | |
| *D. ferox* | × | × | × | | × | | | | |
| *D. leichhardtii* | × | × | × | × | × | | × | | × |
| *D. discolor* | | | | | × | | | | |
| *D. ceratocaula* | | | | | | × | | | |
| *D. wrightii* | | | | | | | × | | |
| *D. metel* | | | | | | | (×) | × | (×) |
| *D. inoxia* | | | | | | | × | | × |

(×) = Kreuzungen, die nur gelegentlich keimfähigen Samen hervorbrachten
♀ = Mutterpflanze
♂ = Pollenspender

einzelnen Arten mit dazu bei, daß lediglich eine Naturhybride gefunden wurde. Der Hauptgrund für die Artenreinheit innerhalb dieser Gattung dürfte aber in ihrer Neigung zur Selbstbestäubung liegen. Um diese als Autogamie bezeichnete Eigenschaft zu umgehen, muß der Züchter von *Datura* bei der Bestäubung seiner Pflanzen einige wichtige Regeln beachten.

## Bestäubung

Vor dem Öffnen der Blüte werden durch einen Einschnitt an der Blütenwand alle fünf Staubbeutel der Mutterpflanze entfernt. Hierbei sollte man überprüfen, ob sich die Staubbeutel noch im geschlossenen Zustand befinden – nur dann kann mit Sicherheit eine Selbstbestäubung ausgeschlossen werden. Anschließend wird der Pollen des Pollenspenders auf der Narbe der Mutterpflanze abgestreift. Um eine mögliche nachträgliche Bestäubung durch anderen Pollen zu vermeiden, empfiehlt es sich, die Blüte durch eine kleine Papiertüte gegen die Umwelt abzuschirmen.

## Gewinnung des Samens

Da der Zeitpunkt der Reife und damit das Aufplatzen der Früchte nicht auf den Tag genau vorhersehbar ist, sollten die fast reifen Fruchtkapseln mit einem Papier- oder Stoffbeutel umhüllt werden. Auf diese Weise verhindert man den Verlust des kostbaren Saatgutes, das sonst nach dem Platzen der Frucht über größere Flächen verstreut wird. Eine Alternative dazu bietet die Möglichkeit, die Samenkapseln bereits kurz vor der Reife abzuernten und in warmer, trockener Umgebung bis zu ihrem Platzen ausreifen zu lassen. Lagert man den geernteten Samen anschließend trocken und kühl, verliert er auch nach mehreren Jahren kaum an Keimfähigkeit.

# Krankheiten und Schädlinge

Natürlich hat auch die Gattung *Datura* mit zahlreichen Schädlingen und Krankheiten zu kämpfen. Im Gegensatz zu *Brugmansia* spielen aber die bei dieser Gattung so gefürchteten Viruserkrankungen kaum eine Rolle. Den Stechäpfeln kommt es zugute, daß sie relativ einfach über Samen vermehrt werden können und Saatgut in aller Regel virusfrei ist. Sollte während der sommerlichen Vegetationsperiode eine *Datura*-Pflanze Symptome einer Viruserkrankung (siehe Seite 95) erkennen lassen, muß diese Pflanze sofort entfernt und vernichtet werden, um eine weitere Verbreitung der Viren zu verhindern.

Verantwortlich für Virusinfektionen sind stechend-saugende Insekten, wie Thripse, Blattläuse, Weiße Fliege, Blattwanzen die als Überträger fungieren. Von ihnen bleibt leider auch *Datura* nicht verschont. Ihre typischen Schadbilder sowie ihre Bekämpfung entsprechen denen an Engelstrompeten und sind auf Seite 99 nachzulesen. Die bedrohlichsten Krankheiten für *Datura* sind Wurzelbräune sowie Wurzel- und Stengelhalsfäulen, die durch verschiedene pilzliche Erreger – wie *Thielaviopsis, Phytophtora* oder *Pythium* – hervorgerufen werden können. Als besonders empfindlich hat sich leider die schöne *Datura metel* erwiesen. Anhaltende Bodenfeuchtigkeit begünstigt die Ausbreitung dieser Krankheiten. Da man auf den Verlauf der sommerlichen Witterung leider keinen Einfluß nehmen kann, empfiehlt es sich vorbeugend, das heißt bereits beim Auspflanzen, mit einem Bodenfungizid zu gießen. Diese Pflanzenbehandlungsmittel sind leider nur in sehr großen Packungseinheiten im Fachhandel erhältlich, weil sie speziell für den Erwerbsgartenbau hergestellt werden. Wer bei Wurzelhalserkrankungen erst auf die typischen Welkesymptome wartet, kann zu diesem Zeitpunkt seine Pflanze in der Regel nicht mehr retten. Sollte sich der Sommer als sehr regenreich erweisen, empfiehlt es sich, die Fungizidbehandlung in mehrwöchigen Abständen zu wiederholen.

Besser als auftretende Krankheiten zu bekämpfen, ist es, den Pflanzen optimale Wachstumsbedingungen zu ermöglichen, denn vitale, im Wachstum befindliche Pflanzen können am ehesten Krankheiten und Schädlinge abwehren.

Bei Daturen ist die Auswahl des richtigen Standortes besonders wichtig. Hierfür ist es hilfreich, sich an den Gegebenheiten des heimatlichen Pflanzenstandortes zu orientieren. Daturen benötigen in der Regel sonnige, warme Plätze sowie eine Erde, in der keine Staunässe aufkommen kann. Falls erforderlich, verbessert eine Beimischung anorganischer Füllstoffe, wie Bimskies oder Blähton die Luftversorgung im Wurzelbereich und erschwert damit den gefährlichen pilzlichen Schaderregern den Eintritt in die Pflanze.

# Literaturverzeichnis

AVERY, A.G., SATINA, S. und RIETSEMA, J.: Blakeslee: The Genus Datura. Ronald Press Comp., New York, 1959.

BAILEY, L.H. und BAILEY, E.Z.: Hortus Third. Collin Macmillan Publishers, London, 1978.

BARCLEY, A.S.: Studies in the genus Datura (Solanaceae). I. Taxonomy of subgenus Datura. Doct. diss. Harvard Univ., Cambridge, 1959.

BARCLEY, A.S.: New considerations in an old genus: Datura. Bot. Mus. Leafl., Harvard Univ. 18(6): 245–272, 1959.

BERNHARDI, J.J.: Ueber die Arten der Gattung Datura. Trommsd. N. Journ. Pharm., 26: 118–158, 1833.

BOSSE, J.F.W. (Hrsg.): Vollständiges Handbuch der Blumengärtnerei. Hahn'sche Hofbuchhandlung Hannover: 402–403, 1840.

BRISTOL, M.L.: Notes on the species of tree Daturas. Bot. Mus. Leafl., Harvard Univ. 21(8): 229–347, 1966.

BRISTOL, M.L.: Tree Datura drugs of the Colombian Sibundoy. Bot. Mus. Leafl., Harvard Univ. 22(5): 165–227, 1969.

BRISTOL, M.L., EVANS, W.C. und LAMPARD, J.F.: The alkaloides of the genus Datura, section Brugmansia Part. VI. Tree Datura Drugs (Datura candida cvs.) of the Colombian Sibundoy. Lloydia 32: 123–130, 1969.

DANERT, S.: Ein Beitrag zur Kenntnis der Gattung Datura L. Feddes Rep. Spec. Nov. Reg. Veg. 57(3): 231–242, 1965.

DAVIS, E. WADE: Schlange und Regenbogen. Droemersche Verlagsanstalt Th. Knaur Nachf., München, 1986.

DEWOLF, G.P.: Notes on cultivated Solanaceae. 2. Datura. Baileya 4: 13–23, 1956.

DUNAL, F.: Solanaceae. In: De Candolle: Prodomus systemantis naturalis regni vegetabilis. Victoris Masson, Paris, 1852.

ENCKE, F. (Hrsg.): Pareys Blumengärtnerei. P. Parey, Berlin u. Hamburg 490–491, 1958.

ENCKE, F.: Datura im Kübel. Gartenpraxis 8: 410–411, 1976.

ENGELHARDT, ROBERT: Datura suaveolens im Garten zu Thelwall Heyes (England). Möllers Deutsche Gärtner-Zeitung 11: 117–119, 1898.

FOSBERG, F.R.: Nomenclatural notes on Datura L. Taxon 8(2): 52–57, 1959.

FROHNE, DIETRICH und PFÄNDER, HANS JÜRGEN: Giftpflanzen. Wissenschaftliche Verlagsgesellschaft, Stuttgart, 1982.

FUENTES, V.: Datura velutinosa: Una nueva especie de Solanaceae para Cuba. Revista Jard. Bot. Nac. 1, 53–59, 1980.

HAEGI, L.: Taxonomic Account of Datura L. (Solanaceae) in Australia with a Note on Brugmansia Pers. Aust. J. Bot. 24: 415–435, 1976.

HAMMER, K.: Beobachtungen an Datura meteloides Dunal. Kulturpflanze 23: 131–137, 1975.

HAMMER, K., ROMEIKE, A. und TITTEL, C.: Vorarbeiten zur monographischen

Darstellung von Wildpflanzensortimenten: Datura L., sectiones Dutra Bernh., Ceratocaulis Bernh. et Datura. Kulturpflanze 31: 13–75, 1983.

HEGI, GUSTAV: Datura. In: Illustrierte Flora von Mittel-Europa. Band V, 4. Teil: 2612–2616. Carl Hanser Verlag, München, 1927.

HOOKER: Datura chlorantha; flore pleno. Curt. Bot. Mag. 85: pl. 5128, 1859.

HUXLEY, A., GRIFFITHS, M. und LEVY, M. (Hrsg.): Dictionary of Gardening. Macmillan Press, London and Stockton Press, New York, 1992.

KAHN, R. P. und BARTELS, R.: The Colombian Datura Virus – A New Virus in the Potato Virus Y Group. Phytopathology 58: 587–591, 1968.

KUGLER, H. v.: Zur Bestäubung großblumiger Datura-Arten. Flora 160: 511–517, 1971.

LAGERHEIM, G.: Eine neue goldgelbe Brugmansia. Gartenflora 42: 33–35, 1893.

LAGERHEIM, G.: Monographie der ecuadorianischen Arten der Gattung Brugmansia Pers. Engler's Bot. Jahrb. 20: 655–668, 1895.

LEMAIRE, CH. (Hrsg.): Jardin Fleuriste. Editeurs F. et E. Gyselynck: 16, 1854.

LOCKWOOD, T. E.: A taxonomic revision of Brugmansia (Solanaceae). Diss. Cambridge, Massachusetts, 1973.

LOCKWOOD, T. E.: Generic recognition of Brugmansia. Bot. Mus. Leafl., Harvard Univ. 23(6): 273–284, 1973.

LOCKWOOD, T. E.: The ethnobotany of Brugmansia. J. Ethnopharmacol. 1: 147–164, 1979.

MENNINGER, E. A.: Datura species in Florida gardens. Am. Hort. Mag. 45: 375–387, 1966.

NOTHDURFT, H.: Die Merkmale der Engelstrompeten. Gartenpraxis 6: 270–273, 1979.

PAECH, K.: Biochemie und Physiologie der sekundären Pflanzenstoffe. Springer-Verlag, Berlin, Göttingen, Heidelberg, 1950.

PERSOON, C. H.: Synopsis plantarum sen enchiridium botanicum, complectens enumerationem systematicam specierum huscusque congnitarum. Vol. 1. Parisiss Lutetiorum: 216–217, 1805.

RÄTSCH, CHRISTIAN: Pflanzen der Liebe. Hallwag Verlag, Bern und Stuttgart, 1990.

REKO, V. A.: Magische Gifte. Ferdinand Enke Verlag, Stuttgart, 1949.

RUÍZ, H. und PAVON, J.: Flora Peruviana, et Chilensis, sive descriptiones et Icones Plantarum Peruvianarum et Chilensium; segunda systema Linnaeanum digestae, cum characteribus Plurium generum evulgatorum reformatis. Vol. 2: 15, 1799.

SAFFORD, W. E.: Synopsis of the genus Datura. J. Wash. Acad. Sci. 11(8): 173–189, 1921.

SAFFORD, W. E.: Daturas of the Old World and New: an account of their narcotic properties and their use in oracular and initiatory ceremonies. Annual Report Smithsonian Institution, 1920: 537–567, 1922.

SCHLEIFFER, H.: Narcotic Plants of the Old World. Lubrecht & Cramer, Monticello, N. Y., 1979.

SCHULTES, R. E.: A new narcotic genus from the Amazon slope of the Colombian Andes. Bot. Mus. Leafl., Harvard Univ. 17(1): 1–11, 1955.

SCHULTES, R. E. und HOFMANN, A.: The Botany and Chemistry of Halucinogens. Ch. C. Thomas, Springfield, Illinois, 1980.

SCHULTES, R. E. und HOFMAN, A. H.: Pflanzen der Götter, Hallwag Verlag, Bern, 1980.

SCHULTES, R. E. und RAFFAUF, R. F.: The Healing Forest. Dioscorides Press, Portland, Oregon, 1990.

SCHULTES, R.E. und RAFFAUF, R.F.: Phytochemical and Ethnopharmacological Notes on the Solanaceae of the Northwest Amazon. In: Solanaceae III. Royal Botanic Gardens Kew and Linnean Society of London: 25–51, 1991.

SIEBER, A. und VOSS, A. (Hrsg.): Vilmorin's Blumengärtnerei. P. Parey, Berlin: 726–729, 1896.

SYMON, DAVID, E. und HAEGI, LAURENCE A.R.: Datura (Solanaceae) is a New World Genus. In: Solanaceae III. Royal Botanic Gardens Kew and Linnean Society of London: 197–210, 1991.

TROLL, W.: Vergleichende Morphologie der höheren Pflanzen. 3 Bände. Verlag Gebrüder Borntraeger, Berlin, 1935/1939/1943.

TSCHUDI, J.J. v.: Peru; Reiseskizzen aus den Jahren 1838–1842. Verlag v. Scheitlin u. Zollikofer, St. Gallen: 21–23, 1846.

VAN STEENIS, C.G.G.J.: Brugmansia or Pseudodatura? Bull. Jard. Bot. Buitenzorg. III., 11(1): 15–18, 1930.

VAN ZIJP, C.: Pseudodatura nov. gen. Natuurk. Tijd. Ned. Ind. 80: 24–28, 1920.

WETTSTEIN, R. v.: Solanaceae. In: Engler, A. u. Prantl, K.: Die natürlichen Pflanzenfamilien. IV. Teil. Verlag Wilhelm Engelmann, Leipzig, 1897.

# *Bezugsquellen und Bildquellen*

Viele der vorgestellten Engelstrompeten und Stechäpfel sind in gut sortierten Gärtnereien und Gartencentern besonders im Frühjahr erhältlich. Folgende Spezialbetriebe befassen sich bevorzugt mit Engelstrompeten:

> Rudolf und Klara Baum
> Scheffelrain 1
> 71229 Leonberg
> Tel. 07152/27558

> Klaus Pfitzer
> Täschenstraße 15
> 70736 Fellbach
> Tel. 0711/581370

> Gudrun Steiniger
> Dr.-Winklhofer-Straße 22
> 94036 Passau
> Tel. 0851/81831

Außerdem sei auf den PPP-Index, Pflanzeneinkaufsführer für Europa, herausgegeben von Anne und Walter Erhardt, Verlag Eugen Ulmer, Stuttgart, hingewiesen, in dem für zahlreiche Arten und Sorten gesondert Bezugsquellen aufgeführt sind.

> Brugmansienfreundeskreis
> Monika Gottschalk
> Diebsteinweg 18
> 36358 Herbstein

## Bildquellen

Alle Zeichnungen und Fotos von den Autoren, soweit in der Bildlegende nichts anderes angegeben ist.

# Register

Halbfette Seitenzahlen bezeichnen Textschwerpunkte, Seitenzahlen mit * bezeichnen Abbildungen.

Algenschicht 62
Alkaloide 16, 104
Artbenennung **54**
Asseln 67
Auspflanzen **66**
Aussaat **70**, **131**

Benennung **54**
Bestäubung 28, 40, 73, **74**, 131, 133
Bestimmung **21**, **110**
Bestimmungsschlüssel **21**, 22, 24 f, **111**
Bewässerung **63**, **128**
Bewußtseinsveränderung 14, 105
Blätter 32*, 91*, 94, 110, 114*, 121*
Blattfleckenkrankheit 98, 99*
Blattläuse 63, 97, **101**, 134
Blattwanzen 63, 97, **99**, 100*, 134
Blühregion 19*, 65, 69
Blüten 9, 18, 20*, 22, 88, 91 f, 94, 110, 112 f, 120 f, 124
Bodenfungizid 128, 134
*Brugmansia* 9, **13**
– *arborea* 24, **26**, 27*, 28*, 47*, 64, 68, 73, 74, 76, 88, 94, 95
– Arborea-Hybriden 7*, 25, **76**, 88
– *aurea* 14, 24, **29**, 30*, 31*, 64, 68, 73, 77*, 93*, 95
– – × *B. suaveolens* 25, **51**, 52*, 53*, 79
– Aurea-Hybriden 6*, 16, 20, 29*, **32**, 32*, 61*, 77*, 94*
– × *candida* 25, 30, **44**, 45*, 46*, 64, 68, 69, 73, 78*, 79*
– *dolichocarpa* 56 f

– × *flava* 25, 29, **46**, 47*, 48*, 64, 69, 70, 73, 80*, 91*, 93
– × *insignis* 12*, 25, **49**, 49*, 50*, 64, 68, 69, 73, 80*, 94
– *longifolia* 57
– *lutea* 57
– *sanguinea* 9, 14, 15, 20, 24, 30*, **33**, 33*, 34*, 35*, 47*, 55*, 68 f, 73 f, 81*, 82*, 88, 89*, 93 f
– Sanguinea-Hybriden 80, **81**, 81*
– *suaveolens* 24, **36**, 36*, 37*, 49*, 64, 68, 69, 73, 83, 88, 90*, 92, 94
– – × *B. versicolor* 23*, 25, **49**, 50*, 84
– Suaveolens-Hybriden 2*, 20*, 71*, 83
– *versicolor* 24, **39**, 39*, 40*, 49*, 64, 69, 73, 84, 85*, 88, 90*, 92
– Versicolor-Hybriden 41*, 84, 85*, 92*
– *vulcanicola* 9, 24, **42**, 42*, 43*, 64, 65, 69, 70, 73, 74, 75*, 86*, 87
– Vulcanicola-Hybriden 86*, **87**
Brugmansienfreundeskreis 74, 137
Brugmansienfrüchte 8*
Brugmansiensammlung **76**
Brugmansiensortiment **76 f**

*Datura* 9, **103**
– *affinis* 56
– *ceratocaula* 9, 111, **112**, 112*, 113*, 128, 130, 131, 132
– *chlorantha flore pleno* 56
– *cornigera* 56
– *discolor* 111, **113**, 114*, 130, 132
– *ferox* 9, 111, **114**, 114*, 131, 132

– *frutescens* 57
– *gardneri* 57
– *inoxia* 102*, 104, 108, 110, 111, **115**, 115*, 130 f
– *knightii* 57
– *leichhardtii* 110, 111, **117**, 117*, 131, 132
– *metel* 105, 107, 108, 109, 111, 116, **118**, 118*, 119*, 120*, 130, 132, 134
– *meteloides* 115, 116, 123
– *mollis* 39, 57, 58
– *pittieri* 58
– *quercifolia* 9, 111, **120**, 121*, 131, 132
– *rosei* 58
– *rubella* 48, 58
– *speciosa* 58, 59
– *stramonium* 9, 106, 107*, 109 f, **122**, 122*, 123*, 131 f
– *velutinosa* 116
– *wrightii* 108, 109, 110, 111, 116, **123**, 123*, 124*, 125*, 129*, 130 f
Daturafrüchte 8*
Daturasamen 10*
Duft 91
Düngung **64**, 68, **130**

Elaiosomen 9, 10*, 109, 112, 113, 117, 120
Engelstrompeten **18**
Entwicklungsstadien 18
Erwachsenenstadium 18
Eternitgefäße 60

Formschnitt **65**
Früchte 8*, 9, 10*, 28, 30, 32, 33, 40, 42, 46, 47, 50, 74, 75*, 109, 110, 111*, 111 f, 120 f, 124
Fruchtreife **74**

Gewebekultur 76
Gibberellinsäurebehandlung 131
Giftigkeit 17, 105, 106
Gipsausscheidungen 62

Hochstamm **65**
Holzgefäße 60
Hybridschwarm 87

Indianerformen 15 f, 22, 29, **32**, 77
Inhaltsstoffe 16, 104
Interakuminalzipfel 110, 112, 113, 116

Jugendstadium 8, 18, 69, 71, 108

Kalium 64
Kelch 9
Kies 62
Korkwucherungen **101**
Krankheiten **95**, **134**
Kreuzungen **73**, 75, **132**
Kübelpflanze **59**, 124
Kunststoffgefäße 59

Lavalit 62
Lehm 62

Mäuse 67
Mehrfachhybriden 24, **52**, 87*, 92*
*Methisticodendron amesianum* 33
Moosschicht 62

Natürliche Veränderungen **88**
Nichtparasitäre Erkrankungen **101**

Pflanzkübel **59**
Pflanzsubstrat 62, 128
Phosphat 64
Pilzkrankheiten **98**, **134**

Raupen 101
Rindenanteil 62
Rückschnitt 19, **65**

Samen 9, 10*, 28, 30, 33, 36, 40, 46, 47, 74, 74*, 75, 111*, 112, 131, 132, 133
Sämlinge 18, 19
Schädlinge 67, **95**, 97, **99**, **134**
Schadpilze 120, 128
Schnecken 67, 101
Spinnmilben 63, 100*, **100**
Sproß 9, 19
Standfestigkeit 59, 62
Standort **64**, **128**, **134**
Stechapfel **108**

Stecklinge 19, 65, **69**
Stengelfäule 98, 99*
Stickstoff 64
Substrat **62**, **128**

Thrips 97, 134
Tongefäße (Terrakotta) 60
Tonmaterial 62, 128
Torf 62

Überbrausen 63, 128
Überwinterung 19, **67**, **68**, **130**
Umtopfen **62**
Unterscheidungsmerkmale 9

vegetative Region 19, 19*
Vergiftungsgefahr 17, 105, 106

Verkrüppelungen 96
Vermehrung **69**, **131**
Verzweigung 18
Viren 69, 70, 76, **95**, 96*, 97*, 134

Wachstum 18, 19*
Wasserabzug 59, 62
Weiße Fliege 97, **101**, 134
Wildarten **26**, **112**
Wintergarten 68
Wurzelhalserkrankungen 120, **134**
Wurzeln 48*, 62, 66, 116, 124, 128, 130, 134

Zikaden 97
Züchtung 70, **72**, **132**
Zuchtziele 72

Iris gehören zu den schönsten Stauden, die wir im Garten kennen. Der Hauptwert der Pflanzen liegt sicherlich in den schön geformten und farbenprächtigen Blüten. Verwendet werden sie in Stein- und Naturgärten, auf Staudenbeeten und an Gartenteichen. Insgesamt gibt es mehr als 200 Arten in der Gattung Iris. Das vorliegende Buch konzentriert sich auf die gartenwichtigen Arten, von denen es allerdings Tausende von Sorten gibt. In allen Teilen der Welt arbeiten Züchter, Gärtner und Irisfreunde daran, die Vielfalt der Formen und Farben noch zu steigern, und Iris-Gesellschaften halten weltweit Kontakt, um sich über die neuesten Ereignisse zu informieren. Das Buch stellt die wertvollsten Sorten aus dem großen Angebot vor. Es informiert über Züchtung, Pflege und Pflanzung und macht interessante Vorschläge zur Verwendung im Garten.

Aus dem Inhalt: Iris - Göttin des Regenbogens. Zur Geschichte und Botanik. Iriszüchtung. Iris-Sorten für den Garten. Pflanzvorschläge. Pflanzung, Pflege und Vermehrung.

Zur Autorin: Susanne Weber engagiert sich in der Ausbildung des Berufsnachwuchses, plant Staudenpflanzungen bei Gartenschauen und ist als Züchterin aktiv. Als großartige Pflanzenkennerin hat sie sich als Preisrichterin bei Staudenbewertungen einen Namen gemacht.

IRIS. *Die besten Arten und Sorten für den Garten. Susanne Weber. 1997. 143 Seiten, 107 Farbfotos, 17 Zeichnungen und Pflanzpläne. ISBN 3-8001-6615-1*

Der Aufstieg der Freilandgeranien begann vor etwa 15 Jahren. Mit dem Wandel der gestalterischen Leitbilder zu natürlicheren Ausdrucksformen, mit der zunehmenden Verwendung von Stauden in Gärten und Parks erlangten die Freilandgeranien eine Wertschätzung, die immer noch weiterwächst. Ihre einfachen, unaufdringlichen Farben, ihre lockeren Wuchsformen und die Vielseitigkeit ihrer Einsatzmöglichkeiten machen sie zu den idealen Gartenpflanzen. Züchter haben wertvolle neue Sorten hinzugewonnen, und einige Arten sind erst seit wenigen Jahren in Kultur. Es gibt Geranienarten, die im Steingarten gehegt und gepflegt werden wollen und solche, die als robuste, großflächig zu verwendende Bodendecker nur hin und wieder gemäht werden müssen. Auch Arten für die heiße, trockene Südlage und solche, die noch im tiefen Schatten wachsen sind vertreten. Unter diesen Gartenpflanzen ist noch so manche neue und überraschende Entdeckung möglich. Das Buch gibt einen inspirierenden Überblick über die Möglichkeiten dieser faszinierenden Gattung, es stellt die wichtigen Arten und Sorten für den Garten vor, beschreibt Verwendungsmöglichkeiten und informiert über Pflege, Pflanzung und Züchtung.

Zum Autor: Coen Jansen ist Inhaber einer Staudengärtnerei in Holland und als engagierter Pflanzenkenner bekannt.

GERANIUM FÜR DEN GARTEN. *Coen Jansen. 1997. 144 Seiten, 118 Farbfotos, 31 Zeichnungen und Pflanzpläne. ISBN 3-8001-6613-5*

Dieses Buch ist eine große Hilfe für alle Kübelpflanzenfreunde, denn hier sind über 80 der schönsten Gattungen und Arten beschrieben und nach ihren Ansprüchen bei der Überwinterung geordnet. Dies erleichtert die Auswahl und hilft mit, daß die Pflanzen den nächsten Sommer erleben können, denn mit jedem Jahr werden sie prächtiger. Für die zahlreichen tropischen und subtropischen Pflanzen, die einen mitteleuropäischen Winter im Freien nicht überleben würden, ist die Kultur im Kübel notwendig. In diesem Buch ist ausschließlich von diesen, aus historischer Sicht „echten" Kübelpflanzen die Rede. Einige von ihnen werden dem Leser bereits als Zimmerpflanzen vertraut sein, besonders all diejenigen die für eine warme Überwinterung geeignet sind. Ein Aufenthalt im Freien während der Sommermonate verbessert bei diesen Pflanzen neben dem Wachstum auch die Blüheigenschaften.
Aus dem Inhalt: Die Auswahl aus der Fülle: Wie überwintert man Kübelpflanzen? Besonderheiten der Kübelpflanzenkultur: Kübel, Substrat, Umtopfen, Bewässerung, Düngung, Schnitt. Pflanzenschutz: Die häufigsten Schadbilder und ihre Verursacher. Pflanzen für helle, kalte Überwinterung. Pflanzen für dunkle, kalte Überwinterung. Pflanzen für helle, temperierte Überwinterung. Pflanzen für helle warme Überwinterung.
SCHÖNE KÜBELPFLANZEN. Ulrike und Hans-Georg Preißel. 2. Auflage. 1996. 95 Seiten, 72 Farbfotos, 4 Zeichnungen. Pp. ISBN 3-8001-6612-7

Zimmerpflanzen stehen in der Beliebtheitsskala noch immer an erster Stelle. Hier werden verschiedene Arten in Wort und Bild vorgestellt. Neben den bekannten Pflanzen findet man auch so manche Neuentdeckung, die sich aufgrund ihrer Schönheit und Haltbarkeit einen festen Platz im neuen Pflanzensortiment erobert hat. Damit die Schönheit von Dauer ist, wird auch die Pflege ausführlich erläutert. Sie beginnt bereits bei der richtigen Pflanzenwahl, dem Pflanzenkauf, dem Transport und der Eingewöhnungszeit am neuen Stellplatz. Probleme, die bei der Bewässerung und Düngung auftreten können, werden ebenso behandelt wie das pflanzenschonende Umtopfen und die verschiedenen Vermehrungsmethoden. Ein Kapitel über Hydrokultur vermittelt einen Eindruck über diese Art der Pflanzenhaltung und weist auf dafür geeignete Pflanzenarten hin. Die wichtigsten Krankheiten und Schädlinge werden mit ihren Schadbildern vorgestellt und Hinweise für die Bekämpfung auf mechanischem, chemischen und biologischen Weg gegeben.
Aus dem Inhalt: Zimmerpflanzen von A-Z. Zimmerpflanzen pflegen und kultivieren. Pflanzentransport. Eingewöhnung. Bewässerung. Düngung. Umtopfen. Pflege. Vermehrung. Hydrokultur. Krankheiten und Schädlinge.
ZIMMERPFLANZEN. Die besten Blatt- und Blütenpflanzen. Ulrike und Hans-Georg Preißel. 1994. 128 Seiten, 115 Farbfotos, 52 Zeichnungen. Pp. ISBN 3-8001-6557-0